María, reina

de los santos

Antonio González

María, reina
de los santos

Un mes de mayo con sus mejores devotos

Paulinas

Imagen de cubierta: Matthias Boeckel.
Diseño de cubierta y maquetación: Alba C. V.

© PAULINAS 2026
Carril del Conde, 62 - 28043 Madrid
Tel.: 91 721 89 84 - Fax: 91 759 02 04
E-mail: editorial@paulinas.es
www.paulinas.es

© Antonio González Vinagre

ISBN: 978-84-19408-71-6
Depósito Legal: M-7970-2026

Impreso por Gar.Vi. 28970 Humanes (Madrid)
Printed in Spain. Impreso en España

Introducción

No están todos los que son, pero sí son todos los que están. ¿Hay algún santo que no haya sido devoto de la Virgen María? En buena lógica en este libro cabrían todos, pero se ha hecho solo una selección de algunos, que tienen en común su acendrado amor a la Madre.

Este libro está pensado para el mes de mayo, para hacer una lectura cada tarde o una pequeña meditación con los fieles que celebran el *Mes de las Flores*. Muchos podrán utilizarlo de forma personal y también podrá ser válido para lectura espiritual en las comunidades. Deseamos que a todos les sea provechoso.

La finalidad buscada es reavivar la devoción a María refrescando el recuerdo de 31 hombres y mujeres que brillan con luz propia en la constelación de la santidad. Con tanto *Día Internacional de...*, *Día Mundial de...* y *Jornada de...*, socialmente los santos están pasando a un segundo plano y son los grandes desconocidos, también para los cristianos. Sin embargo, necesitamos tenerlos cerca por cultura religiosa y, sobre todo, para ver la fe encarnada, para convencernos de que el ideal cristiano no es utópico; también nosotros podemos ser como ellos. La mayoría de los santos se animaron a serlo imitando a sus predecesores o porque se los pusieron como ejemplo en las primeras etapas de la vida.

En la selección realizada hay santos de todos los tiempos y culturas porque basta asomarse a la historia de la Iglesia, para comprobar que María está siempre presente, cuidando y velando por la fe de los cristianos, ayudando y sosteniendo a sus hijos, incitando al seguimiento de su Hijo.

Todos los santos elegidos aquí son significativos y remarcan una dimensión importante de la devoción a la Virgen María. La doctrina de algunos ha hecho avanzar notablemente la Mariología y la Cristología; son los Padres de la Iglesia, cuyo mensaje sigue llegando con fuerza a los tiempos actuales. Otros son más familiares culturalmente o por la proximidad temporal, con ello se pone de relieve que Dios se pasea cada tarde entre nosotros como lo hacía con Adán en el Edén. Con la aportación de todos, se consigue al final de la lectura de este libro, un variado y rico mosaico de lo que implica la verdadera, seria y auténtica devoción a María.

Con Ella nuestra fe se vivifica, el compromiso se fortalece y la alegría se ensancha. La cercanía de la Madre nos da seguridad en el camino, a veces con muchos baches, de la vida cristiana. María está ahí como nuestra Auxiliadora y nuestro Apoyo. Está deseosa de ser invocada para actuar y de que acudamos a su regazo para ampararnos, para curarnos y aliviarnos del dolor.

En lo que contemplamos de María se ve que la mano de Dios ha sido espléndida con Ella. Los santos, los cristianos más sensibles, lo han percibido enseguida y no se han guardado lo averiguado, lo han pregonado gozosos a los cuatro vientos. En lo que contemplamos de los santos se constata lo inteligentes que han sido al tomar el atajo de María para llegar a la plenitud de la perfección y convertirse en personas modélicas para todos.

Acercándonos a este grupo de santos devotos de María podemos refrescarnos en las fuentes vivas de la ilusión de vivir, del amor a Jesucristo, del compromiso cristiano, de la decisión por romper con lo que parece inamovible de la vida y que no es de gran valor. Y en todos, María es Impulso y Ánimo, Compañera y Madre, Guía segura.

Ellos han salido ganando acercándose a María. A nosotros nos ocurrirá lo mismo si seguimos su ejemplo.

DÍA 1

San José

*La devoción a María se concreta en cultivar
una rica vida interior.*

Nadie mejor que san José para encabezar la lista de personas destacadas por su devoción a María. Él fue quien la enamoró y le entregó su vida por completo para hacerla feliz. La quiso como nadie y con ella construyó un hogar ejemplar, modelo de familia y escuela de las mejores virtudes. El mismo Dios se hizo hombre con su colaboración y trabajo. ¿Cabe mayor fortuna y gracia para un varón?

Pocas fuentes históricas tenemos sobre el santo José, solo los Evangelios, en particular los primeros capítulos de Mateo y Lucas. Existe además una amplia literatura apócrifa que narra muchos detalles del esposo de María, pero la Iglesia ha prescindido de ella.

Por los Evangelios sabemos que era carpintero, un trabajador artesano que vivía de hacer obras de albañilería y trabajos en madera. Tal vez no destacó por nada especial que no fuera el buen hacer de sus manos, pues los escépticos nazarenos se preguntaban sobre Jesús: *¿No es este el hijo del carpintero? ¿No se llama su madre María, y sus hermanos Santiago, José, Simón y Judas?* (Mt 13,55). José tampoco destacó por su riqueza. Nos dice el evangelista Lucas (Lc 2,22-24) que cuando el esposo de María llevó a Jesús al Templo para ser circuncidado, y a su mujer para ser purificada, ofreció el sacrificio de dos palomas, permitido solo a quienes no podían pagar un carnero. Y es que, ni entonces ni nunca, los ingresos de un obrero dan para muchas alegrías.

Eso sí, aunque la bolsa no la tenía repleta, José era de noble linaje. Mateo y Lucas discrepan en algunos detalles de su genealogía, pero ambos subrayan su descendencia directa de David, más que nada para subrayar el mesianismo de su hijo, pues en la vida real poca repercusión debía de tener en la vida del carpintero.

Más le encaja a san José el ser un hombre de profundo silencio y visión sobrenatural para percibir la acción de Dios. En efecto, cuando María queda encinta, decide repudiarla en secreto para no dar ocasión de escándalo o para no interferir en la obra divina; sin embargo, pesó más en él la voz de Dios y aceptó tomar consigo a María (Mt 1,19-25).

José es el hombre de fe, obediente a lo que Dios le pide en todo momento, aun sin saber lo que vendría o sucedería después. Como un nuevo Abraham deja todo lo que tiene y para salvar a los suyos huye con ellos a tierra extranjera. No cuestiona a Dios y, cuando las cosas están calmadas, puede regresar de nuevo para que el mundo intuya que su hijo tiene muchos puntos de coincidencia con el caudillo Moisés, que también salió de Egipto para salvar al pueblo.

Sabemos que José amaba a María y a Jesús. Su primera preocupación fue conseguir la seguridad de ambos, por eso podemos calibrar el especial momento de angustia que supuso la pérdida de Jesús entre la multitud en alguno de los viajes que hicieron a Jerusalén con ocasión de las fiestas.

Con los pocos datos, y además interpretados desde la fe en Jesús, que ofrecen los Evangelios, nos quedamos con las ganas de saber más detalles del esposo de María. Tal vez el ocultamiento sea el mensaje más importante que Dios nos quiere transmitir: para ser buen creyente, al cristiano le corresponde llevar una vida paciente y silenciosa con María; solo así Jesús podrá crecer y cumplir su misión en el mundo.

El juicio evangélico definitivo sobre José es que era un hombre justo (Mt 1,19). Es decir, fue un exacto y fiel cumplidor del plan de Dios sobre él. Estar junto a María, ser sus devotos, también debería llevarnos a responder a Dios como Él espera de cada uno de nosotros. Y esto solo lo podemos lograr, como san José, escuchando a Dios, dejándole hablar y obedeciéndole, aunque no siempre se nos alcancen sus intenciones y formas de proceder. José aprende con María a responder afirmativamente a la Palabra de Dios.

José es el santo del trabajo porque su forma de amar a Jesús y a María la concretó en trabajar para mantener honradamente la familia y para que Jesús pudiera crecer en sabiduría y en gracia. Desde José el trabajo humano, y en particular el trabajo manual, tiene un significado especial; forma parte del misterio de la Encarnación y, gracias a su banco de trabajo sobre el que ejercía su profesión con Jesús, acercó el trabajo humano también al misterio de la Redención.

Y el trabajo del carpintero de Nazaret tiene otra singularidad: está envuelto en un clima de silencio. Los Evangelios hablan exclusivamente de lo que José «hizo»; sin embargo, permiten descubrir en sus «acciones» un clima de profunda contemplación. José estaba en contacto cotidiano con el misterio «escondido desde siglos», que «puso su morada» bajo el techo de su casa.

San José nos enseña que la devoción a María se concreta también en cultivar una rica vida interior. No se entiende el sacrificio total de su vida a las exigencias de la venida del Mesías a su propia casa, sin la obediencia completa a Dios, que es disponibilidad de ánimo para dedicarse a las cosas que se refieren a su servicio. Fue un instrumento eficaz al servicio de la divinidad para la salvación de los hombres, y la Iglesia propone su ejemplo de saber escuchar y responder a la Palabra de Dios a toda la Comunidad cristiana, cualesquiera que sean las condiciones y las funciones de cada fiel.

Decía san Bernardino de Siena que, si toda la Iglesia está en deuda con la Virgen María, ya que por medio de ella recibió a Cristo, de modo semejante le debe a san José, después de ella, una especial gratitud y reverencia. Y así lo hace la Iglesia, que pide al santo, con palabras de san Juan Pablo II en la exhortación apostólica *Redemptoris custos*, que conceda a la Iglesia colaborar fielmente en la obra de la salvación, que le dé un corazón puro como el suyo, que se entregó por entero a servir al Verbo Encarnado. Y que, siguiendo su ejemplo de servidor fiel y obediente, sepamos servir a Cristo en la tarea que en la Iglesia compete a todos y a cada uno: a los esposos y a los padres, a quienes viven del trabajo de sus manos o de cualquier otro trabajo, a las personas llamadas a la vida contemplativa o a las llamadas al apostolado.

Decía san Pablo VI que san José es el modelo de los humildes, que el cristianismo eleva a grandes destinos; san José es la prueba de que para ser buenos y auténticos seguidores de Cristo no se necesitan «grandes cosas», sino que se requieren solamente las virtudes comunes, humanas, sencillas, pero verdaderas y auténticas.

La Virgen María, que unió su vida matrimonial a san José, quiere que seamos como él: sencillos, auténticos, atentos a la voz de Dios, prontos a hacer su voluntad y con toda la vida entregada para que Jesús crezca y haga realidad los designios de Dios en el mundo.

INVITACIÓN

La vida del creyente siempre es una lucha entre el deseo de hacer la propia voluntad o aspirar a obedecer a Dios haciendo la de Él. San José aprende al lado de

María a decir sí a Dios, sin ser protagonista, desde el silencio contemplativo y el trabajo. Estamos invitados a concretar la devoción a María dando una dimensión religiosa al trabajo de cada día; es un magnífico medio para ayudar Dios a salvar el mundo.

ORACIÓN

San José, guardián de Jesús
y casto esposo de María,
tú empleaste toda tu vida
en el perfecto cumplimiento de tu deber.
Tú mantuviste a la Sagrada Familia de Nazaret
con el trabajo de tus manos.
Protege bondadosamente
a los que se vuelven confiadamente a ti.
Tú conoces sus aspiraciones y sus esperanzas.
Ellos se dirigen a ti porque saben
que tú los comprendes y proteges.
Tú también supiste de pruebas, cansancio y trabajo.
Pero, aun dentro
de las preocupaciones materiales de la vida,
tu alma estaba llena de profunda paz
y cantó llena de verdadera alegría
debido al íntimo trato que gozaste
con el Hijo de Dios
que te fue confiado a ti a la vez que a María,
su tierna Madre. Amén.

San Juan XXIII

13

DÍA 2

San Ildefonso de Toledo

(607-667)

Haz que yo sirva a tu Madre
de modo que me reconozcas Tú mismo por tu servidor.

San Ildefonso nació en Toledo a comienzos de siglo VII y fue educado en la escuela de san Isidoro de Sevilla. Muy pronto manifestó un carácter recto y un espíritu recatado, afecto a la vida monástica. Sus padres se opusieron a su vocación y para defenderla Ildefonso huyó del hogar. Su padre salió en su búsqueda, pero no consiguió hacerlo retornar; él prefirió quedarse en el monasterio de Agalia (o Agalí), situado en las afueras de la ciudad, a cuyo abad rogó con lágrimas en los ojos que lo aceptase entre sus monjes. En el silencio del claustro al lado del Tajo se entregó con denuedo a la oración y al estudio. Sus rasgos característicos pronto le hacen destacar entre los monjes: constante atención e incesante tensión contemplativa, perfil ascético, estatura majestuosa... Muy pronto fructifica en maravillosos

14

frutos su vitalidad espiritual: escritos sazonados, profundos, sobre todo el *Libro de la Virginidad de María,* canto inigualable a la perpetua integridad de la Madre divina con el que se adelanta doce siglos en la doctrina oficial de la Inmaculada Concepción.

Dada su ejemplaridad y ascendiente, fue elegido abad del monasterio, a cuya comunidad gobernará durante años con pulso firme, prudencia y certera clarividencia. Su quehacer traspasa los muros conventuales y en el año 657, muerto san Eugenio, arzobispo de Toledo, todas las miradas se dirigen a Ildefonso para sustituirlo en el cargo.

Su labor pastoral fue suave y enérgica a la vez. No olvidó ni desatendió lo más mínimo su vida interior, su apostolado mariano y su trabajo intelectual. Con una prosa admirable escribe, entre otras muchas obras, *Caminando por el desierto,* para descubrir a los bautizados la senda que conduce a la soledad interior.

Un contemporáneo suyo lo describe así: *Era grave en su andar, humilde, paciente, insuperable en la sabiduría, agudo en sus razonamientos y tan favorecido en las gracias de la elocuencia, que cuando hablaba parecía que el mismo Dios hablaba por su boca.*

Nueve años y dos meses está al frente de la diócesis toledana, hasta el 23 de enero del año 667, fecha de su fallecimiento. No pasaba mucho de sexagenario. Escribe su primer biógrafo que bien podría haberse puesto sobre su tumba un epitafio que dijera: «Sol de España, antorcha encendida, áncora de la fe».

De las muchas tareas que desempeñó, merece hacer hincapié en la devoción y dedicación del santo toledano, cuyos restos reposan en la catedral de Zamora, al culto y amor a la Virgen María.

La fiesta, que se celebra el 18 de diciembre, hoy Nuestra Señora de la Esperanza, fue establecida por el X Concilio de Toledo como traslación del día de la Encarnación, a ruegos y propuesta de Ildefonso, entonces abad de Agalia. El Concilio no solo aprobó la propuesta, sino que encargó al mismo ponente la composición y redacción del oficio de la festividad de Santa María.

Sus desvelos y amores por la celeste Reina tuvieron su divina recompensa la noche de un 17 de diciembre en que Ildefonso, ya arzobispo de Toledo, se disponía, como en años anteriores, a iniciar con solemnes maitines la Festividad de la Virgen.

Cuenta la tradición que antes de la llegada del rey Recesvinto, se abrió el atrio episcopal, salió el cortejo, presidido por Ildefonso que, a la luz de las antorchas, se dirigió a la catedral. Abiertas las puertas, entran en la basílica; mas de pronto advierten que les envuelve cierto celeste resplandor; sienten todos un pavor inaudito, dejan caer las antorchas de sus manos y huyen despavoridos; Ildefonso, sin embargo, dueño de sí y empujado por un estímulo interior, sigue animoso hasta el altar y postrado ante él, al elevar sus ojos, descubre a la Madre de Dios, sentada en su misma cátedra episcopal; coros de ángeles y grupos de vírgenes y santos, distribuidos por el ábside, forman la más espléndida corona a la Reina de los Cielos.

María invita entonces al arzobispo Ildefonso a acercarse a ella y con dulces palabras, que recordará luego el santo con gozo inefable, alabando su amor, escritos y apostolado, le hace entrega, en prenda de la complacencia y la bendición divinas, de una vestidura litúrgica con estas palabras: *Recibe esta casulla que mi Hijo os envía de los tesoros del cielo.*

No fue este el único favor celestial y hecho milagroso gozado por el santo; su entrega mística y contemplativa se vio compensada con los más profundos carismas sobrenaturales y otros muchos prodigios acreditados en las crónicas de sus coetáneos. Las letras españolas, desde Gonzalo de Berceo hasta Lope de Vega, le aclaman como «fiel notario de María» y «capellán de la Virgen».

Ildefonso ama con ternura a la Madre de Dios y su único anhelo es servirla. Escribe: *Mi mayor deseo es el de ser el servidor de su Hijo, y tener a la Madre por soberana. Para estar bajo el imperio de su Hijo, yo quiero servirla; para ser admitido al servicio de Dios, quiero que la Madre reine sobre mí como testimonio. Para ser el servidor devoto de su propio Hijo, aspiro a llegar a ser el servidor de la Madre. Pues servir a la sierva, es también servir al Señor; lo que se le da a la Madre se refleja sobre el Hijo, yendo desde la Madre a Aquel que Ella ha alimentado, y el Rey ve recaer sobre sí mismo el honor que hace el servidor a la Reina.*

Se dirige a Ella con palabras tan emocionadas como las que escribe en una larga oración al final de su defensa de la Perpetua Virginidad de María.

Como un instrumento dócil entre las manos del Dios So-
berano, yo desearía estar ligado al servicio de la Virgen
Madre, y consagrarme a su servicio. Concédemelo, Jesús,
Dios Hijo del Hombre; dámelo, Señor de todas las cosas
e Hijo de tu sierva; hazme esta gracia, Dios abajado en
el hombre; permíteme, a mí, hombre elevado hasta Dios,
creer en el alumbramiento de la Virgen y estar lleno de fe
en tu encarnación, y al hablar de la maternidad virginal
tener la palabra embebida de tu alabanza, y al amar a tu
Madre estar lleno de tu amor.

Haz que yo sirva a tu Madre de modo que me reconozcas
Tú mismo por tu servidor; y que Ella sea mi soberana en
la tierra de manera que Tú seas mi Señor por la eternidad.

Ved con qué impaciencia deseo ser el servidor de esta
Soberana, con qué fidelidad me entrego al gozo de su servi-
dumbre; cómo deseo hacerme plenamente el servidor de su
voluntad, con qué ardor quiero no sustraerme jamás a su
imperio, cuánto quiero no ser nunca arrancado de su servi-
cio: que pueda yo ser admitido a su servicio y, sirviéndola,
merecer sus favores, vivir para siempre bajo su mandato y
amarle en la eternidad.

INVITACIÓN

Que, mirando a María, nos llenemos de amor para servir siempre a Jesús, presente en los demás, principalmente los más necesitados.

18

ORACIÓN

Señora mía, dueña y poderosa sobre mí,
madre de mi Señor, sierva de tu Hijo,
engendradora del que creó el mundo,
a ti te ruego, te oro y te pido
que tenga el espíritu de tu Señor,
que tenga el espíritu de tu Hijo,
que tenga el espíritu de mi Redentor,
para que yo conozca lo verdadero y digno de ti,
para que yo hable lo que es verdadero y digno de ti
y para que ame todo lo que sea verdadero y digno de ti.

Tú eres la elegida por Dios, recibida por Dios en el cielo,
llamada por Dios, próxima a Dios e íntimamente
unida a Dios.

Tú, visitada por el ángel, saludada por el ángel,
bendita y glorificada por el ángel,
atónita en tu pensamiento, estupefacta por la salutación
y admirada por la anunciación de las promesas.

He aquí que tú eres dichosa entre las mujeres,
íntegra entre las recién paridas,
señora entre las doncellas,
reina entre las hermanas.

Dichosa tú para mi fe, dichosa tú para mi alma,
dichosa tú para mi amor.

Te amaré cuanto debes ser amada,
te alabaré cuanto debes ser alabada,
te serviré cuanto hay que servir a tu gloria. Amén

San Ildefonso de Toledo

DÍA 3

Santa Faustina Kowalska

(1905-1938)

María es mi instructora,
me enseña siempre cómo vivir para Dios.

La hermana Faustina Kowalska fue una religiosa polaca que recibió una serie de revelaciones de Jesús a partir de 1931. Fue bautizada con el nombre de Elena y se crió en una pequeña aldea. A los veinte años ingresó en un convento de las Hermanas de Nuestra Señora de la Misericordia. Desempeñó las tareas de portera, jardinera y cocinera y después de trece años de intensísima vida mística, murió santamente en 1938. Fue la primera santa canonizada en el año jubilar del 2000.

Faustina fue llamada desde muy pequeña a la santidad y a recibir gracias especiales del cielo. A los cinco años tuvo un sueño y su madre recuerda que Elena dijo entonces a su familia: *Yo estuve caminando de la mano de la Madre de*

Dios en un jardín precioso. Y años más tarde recuerda en su Diario: *Desde los siete años sentía la suprema llamada de Dios, la gracia de la vocación a la vida consagrada. A los siete años por primera vez oí la voz de Dios en mi alma, es decir, la invitación a una vida más perfecta. Sin embargo, no siempre obedecí la voz de la gracia.*

Elena ayudaba en la casa con los quehaceres de la cocina, cuidando a sus hermanos y ordeñando las vacas. Asistió poco tiempo a la escuela porque estaba cerrada por la ocupación rusa de Polonia. A los quince años comenzó a trabajar como empleada doméstica y así estuvo varios años, pues sus aspiraciones de hacerse religiosa chocaban con la voluntad de sus padres. Finalmente consiguió su propósito y a los veinte años entró como postulante en la Congregación.

En la vida religiosa tomó el nombre de Faustina y cumplía sus deberes con fervor, observaba fielmente todas las reglas del convento, era recogida y piadosa, pero a la vez natural y alegre, llena de amor benévolo y desinteresado hacia prójimo. Toda su vida se concentraba en caminar hacia la plena unión con Dios y en la abnegada colaboración con Jesús en la obra de la salvación de las almas.

Durante su vida logró un alto grado de unión de su alma con Dios, pero también tuvo que esforzarse y luchar en el camino de la perfección cristiana. El Señor la colmó de muchas gracias extraordinarias: los dones de contemplación y de profundo conocimiento del misterio de la Divina Misericordia, visiones, revelaciones, estigmas ocultos, los dones de profecía, de leer en las almas humanas y desposorios místicos. Llena de tantos dones, escribió: *Ni las gracias ni las revelaciones, ni los éxtasis, ni ningún otro don concedido al alma la hacen perfecta, sino la comunión interior del alma con Dios... Mi santidad y perfección consisten en una estrecha unión de mi voluntad con la voluntad de Dios.*

Por obediencia, escribió un *Diario,* de alrededor de 600 páginas impresas, en el que cuenta las revelaciones recibidas y la trayectoria de su vida espiritual. Jesús le encargó tres cosas: recordar al mundo la conocida pero olvidada verdad del amor misericordioso de Dios a los hombres, elaborar nuevas formas de devoción a la Divina Misericordia, e iniciar un movimiento que renovara la vida de los cristianos acorde al espíritu de confianza y misericordia.

La lectura del *Diario* pone en evidencia una profunda y estrecha relación entre Faustina y la Virgen María. Ya desde el comienzo, cuando la joven Elena, por instrucciones de Jesús, abandonó su hogar para iniciar su vida religiosa dirigiéndose en tren a Cracovia, apelaría a la ayuda de su Madre Celestial, la cual le respondería guiando sus primeros pasos y acompañándola durante el resto de su vida como Madre amorosísima, Compañera solidaria en el sufrimiento e Instructora en los asuntos de su Hijo Jesús.

Santa Faustina nos ha dejado confidencias como las siguientes en su *Diario,* cuyas páginas se citan:

María es mi instructora, me enseña siempre cómo vivir para Dios (620).

Ella está siempre conmigo. Ella, como buena Madre, mira todas mis vivencias y mis esfuerzos (798).

Antes de la Santa Comunión (en la fiesta de la Inmaculada Concepción), *he visto a la Santísima Madre de una belleza inconcebible. Sonriendo me dijo: Hija mía, por mandato de Dios, he de ser tu madre de modo exclusivo y especial, pero deseo que también tú seas mi hija de forma especial* (1414).

Desde aquellos días vivo bajo el manto virginal de la Santísima Virgen, Ella me cuida y me instruye; estoy tranquila junto a su Inmaculado Corazón, ya que soy débil e inexperta, por eso, como una niña me abrazo a su Corazón (1097).

Hoy durante la Santa Misa estuve particularmente unida a Dios y a su Madre Inmaculada. La humildad y el amor de la Virgen Inmaculada penetró mi alma. Cuanto más imito a la Santísima Virgen, tanto más profundamente conozco a Dios (843).

Y es María quien le recuerda las mejores virtudes:

Deseo, amadísima hija mía, que te ejercites en tres virtudes que son mis preferidas y que son las más agradables a Dios: la primera es la humildad, humildad y todavía una vez más humildad. La segunda virtud es la pureza; la tercera es el amor a Dios. Siendo mi hija tienes que resplandecer de estas tres virtudes de modo especial (1415).

Hija mía, exijo de ti oración, oración y una vez más oración por el mundo, y especialmente por tu patria. Durante nueve días recibe la Santa Comunión reparadora, únete estrechamente al sacrificio de la Santa Misa. Durante estos nueve días estarás delante de Dios como una ofrenda, en todas partes, continuamente, en cada lugar y en cada momento, de día y de noche, cada vez que te despiertes, ruega interiormente. Es posible orar interiormente sin cesar (325).

5 de agosto de 1935: Fiesta de Nuestra Señora de la Misericordia. Me preparé para esta fiesta con mayor fervor que en los años anteriores. Entonces vi a la Santísima Virgen indeciblemente bella, que se acercó a mí, del altar a mi reclinatorio, y me dijo estas palabras: «Soy Madre de todos gracias a la insondable misericordia de Dios. El alma más querida para mí es aquella que cumple fielmente la voluntad de Dios. Me dio a entender que cumplo fielmente todos los deseos de Dios y así he encontrado la gracia ante sus ojos» (449).

Me quedé sola con la Santísima Virgen, que me instruyó sobre la voluntad de Dios, cómo aplicarla en la vida sometiéndome totalmente a sus santísimos designios. Es imposible agradar a Dios sin cumplir su santa voluntad. «Hija mía, te recomiendo encarecidamente que cumplas con fidelidad todos los deseos de Dios, porque esto es lo más agradable a sus santos ojos. Deseo ardientemente que destaques en esto, es decir, en la fidelidad para cumplir la voluntad de Dios» (1244).

INVITACIÓN

Santa Faustina nos invita a acercarnos a la Misericordia Divina, que la Iglesia conmemora el segundo domingo de Pascua. Ejerzamos la misericordia con el prójimo en honor a María.

ORACIÓN

Ayúdame, oh Señor, a que mis ojos
sean misericordiosos,
para que yo jamás recele o juzgue
según las apariencias, sino
que busque lo bello en el alma de mi prójimo
y acuda a ayudarle.

Ayúdame, oh Señor, a que mis oídos
sean misericordiosos,
para que tome en cuenta
las necesidades de mi prójimo
y no sea indiferente a sus penas y gemidos.

Ayúdame, oh Señor, a que mi lengua
sea misericordiosa,
para que jamás hable negativamente de mi prójimo,
sino que tenga una palabra de consuelo
y de perdón para todos.

Ayúdame, oh Señor, a que mis manos
sean misericordiosas
y llenas de buenas obras,
para que sepa hacer sólo el bien
a mi prójimo y cargar sobre mí
las tareas más difíciles y penosas.

Ayúdame, oh Señor, a que mis pies
sean misericordiosos,
para que siempre me apresure a socorrer a mi prójimo,
dominando mi propia fatiga y mi cansancio.
Mi reposo verdadero está en el servicio a mi prójimo.

Ayúdame, oh Señor, a que mi corazón
sea misericordioso,
para que yo sienta todos los sufrimientos de mi prójimo.
A nadie le rehusaré mi corazón.

Que tu misericordia, oh Señor, repose dentro de mí.
Amén.

Santa Faustina Kowalska

DÍA 4

San Francisco de Asís

(1182-1226)

Llamaba a María «la Virgen pobrecilla»
porque la pobreza estuvo presente en toda su vida.

Pietro Bernardone es un trabajador incansable y hábil ne-
gociante. Ha hecho fortuna como importador de telas de
Francia, patria de su mujer, y a donde viaja con frecuencia.
Allí también nace su hijo Francisco, a quien ve como su
sucesor en el negocio familiar.

El pequeño Francisco se abre a la vida rodeado del mimo
de los suyos. A medida que crece, se va convirtiendo en
un muchacho envidiado por sus colegas y admirado por las
chicas; viste con elegancia, dispone de dinero, bebe y apura
las noches de juerga con los amigos. El hijo de Bernardone
es un joven despreocupado y con la vida resuelta. Pero a él
no le basta, quiere algo más, desea aventuras y una gloria
mayor de la que vislumbra como futuro mercader de telas.

Ya ha cumplido veinte años y pone su lanza y su caballo al servicio de las tropas que van a la guerra contra la ciudad de Perugia. Sufre el primer revés cuando en los primeros lances le hacen prisionero y regresa más tarde a casa, enfermo y casi moribundo. Entra en una crisis profunda y se pregunta qué sentido tiene dedicar su vida a amasar dinero como mano derecha de su padre. Piensa que mayor fortuna y gloria puede alcanzar en la vida militar, quiere armarse caballero y decide combatir contra las huestes de Federico II.

Llegado a Espoleto, la fiebre de sus sueños caballerescos se enfría con la aparición de otra enfermedad que le aprisiona entre sus brazos. Retornan los interrogantes sobre el sentido de su vida y Dios le susurra con insistencia en su corazón. En el silencio de una noche de dolor oye una voz que le pregunta: *–¿A quién es preferible servir: al amo o al siervo? Al amo, sin duda* –responde Francisco. Y concluye la voz: *Entonces, ¿por qué vas buscando al siervo y dejas al amo? Regresa a tu tierra y allí se te dirá lo que has de hacer.*

Esa voz misteriosa fue el principio del cambio definitivo del hijo de Bernardone. Los colegas de diversión se encontraban ahora con un Francisco serio y pensativo. A quienes le preguntaban si ya se había decidido sobre quién sería su futura esposa, respondía que sí, que sería *la más noble, la más rica y la más bella: la pobreza.* Su identificación con los valores del Evangelio era cada vez mayor, estaba seguro de que el camino de la gloria que él buscaba no pasaba por el frente de batalla sino por el seguimiento de Jesús pobre;

amar a todos como hermanos, hacer siempre el bien y nunca el mal. Había llegado a la conclusión de que el mundo iba mal por el ansia de riqueza. Se hacían guerras y las ciudades combatían entre sí para poseer más; y en esta dinámica entraba la misma Iglesia y el Papa. Francisco había optado esposar a la pobreza porque, como más tarde diría a sus frailes: *cuando dejo de pensar en el dinero, comienzo a contemplar el mundo, la naturaleza, la belleza de los árboles y de los pájaros, y puedo finalmente pensar en el bien de mis hermanos los hombres y en Dios.*

Francisco dejó la cómoda y asegurada vida familiar, se despojó de todo, se fue a servir a los leprosos en Gubbio e hizo de albañil y carpintero para poner en pie la ermita de San Damián. No predicó desde el púlpito, sino pisando el barro con los pies descalzos; no hablaba de la vida como valle de lágrimas, sino de su belleza; no de los castigos de Dios, sino de su bondad; no de la miseria de los ricos, sino de la gozosa libertad que da la pobreza.

Restaurada la primera iglesia, Francisco se trasladó a la localidad llamada la Porciúncula, donde había una iglesia derruida y abandonada, dedicada a Nuestra Señora de los Ángeles. Viéndola en aquel mísero estado, compadecido, y porque tenía una gran devoción a la Madre de toda bondad, se propuso repararla e hizo de ella su lugar de vida y el centro de su primera comunidad. Finalizada la obra, el 24 de febrero de 1209, el sacerdote que celebra la Eucaristía explicó el evangelio en el que Cristo envía a sus discípulos al mundo a hacer el bien. *Esto es lo que yo buscaba y lo que anhelaba mi corazón*, comentó Francisco al sacerdote al concluir la misa.

Y acto seguido, Francisco se quita el calzado, arroja su bastón, se despoja del tabardo que le protegía del frío y tira el cinturón de cuero. En sustitución, se viste con una larga túnica parduzca, semejante a la que usaban los aldeanos de la comarca, con el capuchón para protegerse la cabeza, se ciñe con una cuerda y empieza a recorrer el mundo con los pies descalzos llevando la paz de Dios a quien quisiera recibirla. Aquel sueño de juventud se hacía realidad, Francisco estaba armado caballero y vestía ya el uniforme para servir a su Señor pobre; se consideraba «un heraldo del Gran Rey» cuya misión era convertir a los hombres al Evangelio, incluidos los que se consideraban cristianos y ocupaban cargos de responsabilidad en la Iglesia.

Desde ahora, Francisco encontrará a Jesús pobre en la persona de cada necesitado, y con ellos a María. Dice: *Cuando ves a un pobre, ves el espejo del Señor y de su Madre pobre.* Y comenta Tomás de Celano, su biógrafo: «El alma de Francisco desfallecía a la vista de los pobres...; en todos los pobres veía al Hijo de la Señora pobre llevando desnudo en el corazón a quien ella llevaba desnudo en los brazos... Frecuentemente evocaba –no sin lágrimas– la pobreza de Cristo Jesús y de su Madre. Llama a María "la Virgen pobrecilla" porque la pobreza estuvo presente en toda su vida».

«Francisco rodeaba de amor indecible a la Madre de Jesús, por haber hecho hermano nuestro al Señor de la majestad. Para él, María está en el centro de la Encarnación, de este misterio de humildad y de amor: de Ella ha tomado el Hijo de Dios nuestra carne, nuestra debilidad y fragilidad; por medio de Ella se ha hecho Hermano nuestro».

«Francisco tributaba a María peculiares alabanzas, le multiplicaba oraciones, le ofrecía afectos, tantos y tales como no puede expresar lengua humana». Como buen caballero honra a su Dama y vive para ella. Para él es la portadora de Dios y se dirige a Ella como Palacio de Dios, Tabernáculo de Dios, Casa de Dios, Vestidura de Dios, Esclava de Dios, Madre de Dios.

De la misma forma que María, la humilde sierva, permitió al Señor de la gloria hacerse en ella nuestro hermano, también nosotros, por la fuerza del mismo Espíritu, podemos alumbrarlo en los demás mediante una vida santa. Si María es verdaderamente figura de la Iglesia, cualquiera que tome el camino de Francisco, de fidelidad al Evangelio, está configurado a imagen de María, sea cual fuere su estado de vida, su misión, su profesión, su edad, su sexo... No hay diferencia esencial entre el fiel más humilde y la Virgen María.

Francisco es el pobre que se sabe colmado inmerecidamente por la gracia de Dios, Soberano Bien y Autor de todo bien. De ahí su actitud fundamental de agradecimiento. Ruega al Hijo y al Espíritu que le ayuden a dar gracias al Padre como a Él le agrada; súplica que extiende a la Virgen: *María, da gracias a Dios por nosotros, pues nosotros nos reconocemos incapaces de hacerlo.*

INVITACIÓN

Escuchemos la voz de Dios que, como a Francisco, nos pregunta «*A quién quieres servir, ¿al siervo o al amo?*». Reorientemos nuestra vida realmente a Dios y despojémonos de todo lo que nos aleja de Él. La pobreza gozosa nos permitirá contemplarlo todo con libertad y ojos nuevos.

ORACIÓN

Salve, Señora, santa Reina,
santa Madre de Dios, María,
virgen convertida en templo,
y elegida por el santísimo Padre del cielo,
consagrada por Él con su santísimo Hijo amado
y el Espíritu Santo Paráclito;
que tuvo y tiene toda la plenitud de la gracia
y todo bien!

¡Salve, palacio de Dios!
¡Salve, tabernáculo de Dios!
¡Salve, casa de Dios!
¡Salve, vestidura de Dios!
¡Salve, esclava de Dios!
¡Salve, Madre de Dios!
¡Salve también todas vosotras, santas virtudes,
que, por la gracia e iluminación del Espíritu Santo,
sois infundidas en los corazones de los fieles,
para hacerlos, de infieles, fieles a Dios!

Santa Virgen María,
no ha nacido en el mundo entre las mujeres
ninguna semejante a ti,
hija y esclava del altísimo Rey sumo y Padre celestial,
madre de nuestro santísimo Señor Jesucristo,
esposa del Espíritu Santo.

Ruega por nosotros, junto con el arcángel san Miguel
y todas las virtudes del cielo y con todos los santos,
ante tu santísimo Hijo amado, Señor y maestro.

San Francisco de Asís

DÍA 5

San Luis María Grignion de Montfort

(1673-1716)

A Jesús por María.

El fundador de la Compañía de María era de familia noble y vino al mundo en la Bretaña francesa. Se educó con los jesuitas y observó una conducta ejemplar en su infancia y adolescencia. A los dieciocho años siguió la llamada de Dios para ser sacerdote.

Luis María Grignion de Montfort fue un santo muy popular, pero no nació santo. Por una parte, tuvo que domar un duro carácter, del que él mismo decía: *Me ha sido más difícil vencer la pasión de la cólera que todas las demás juntas. Si Dios me hubiera destinado para el mundo, hubiera sido el hombre más violento del mundo.* Y, por otra parte, hubo de superar otras dificultades que le venían de fuera: unas en su vida de seminarista y otras derivadas de su forma de hacer apostolado, ya como sacerdote. Fue incomprendido, rechazado y calumniado y hasta obligado en alguna ocasión a la «predicación silenciosa», tiempo que aprovechó para escribir sus inmortales obras sobre la Virgen.

El joven sacerdote Luis María tenía vocación misionera. Era una especie de profeta popular que recorría los caminos de Francia con un bastón coronado por un crucifijo o una estatuilla de la Virgen; a la espalda, una mochila en la que llevaba una Biblia, el breviario y un cuaderno. Se cubría la cabeza con un sombrero y llevaba a la cintura un rosario muy grande que atraía las miradas de todos. La gente que le reconocía, comentaba: «Es el buen padre Monfort, el padre del rosario grande».

Austero y entregado, aprendió rápidamente que el verdadero valor no se encuentra en los bienes del mundo: el dinero, la fama, la fortuna; sino en la transformación interior. Esta enseñanza la asimiló mejor con uno de los oficios que le encomendaron en el seminario: velador de muertos. Ante la realidad de la muerte, aprendió a valorar las cosas temporales como algo secundario.

También fue bibliotecario en el seminario, ocasión que aprovechó para leer muchos libros: *Creo que he leído todos los libros espirituales que existen*, dirá exagerando. Estas lecturas debieron ser miel para los sinsabores continuos de su vida como seminarista. En efecto, los formadores le sometieron a grandes pruebas, pues no sabían cómo lidiar con él, si como un santo o como un fanático. Pensaban que su vida estaba movida más bien por el orgullo que por el celo de Dios. Le mortificaban día y noche, le humillaban e insultaban delante de los compañeros, y éstos se reían de él y le rechazaban a menudo. Pero él reaccionaba con paciencia y docilidad, lo consideraba todo como un regalo de Cristo que le concedía la gracia de hacerle partícipe de su cruz. En la ordenación sacerdotal escogió como lema de su futura vida y apostolado «Ser esclavo de María». Ella guio sus pensamientos y llenó toda su vida. Escribió dos magníficas obras: *El secreto de María* y el *Tratado de la verdadera devoción a María*. Durante sus diecisiete años de sacerdocio predicó doscientas misiones populares y siempre promovía la devoción a la Virgen con el rezo del Rosario, procesiones y cánticos. Su palabra conmovía y lograba auténticas conversiones.

San Luis María estuvo en contacto con las diversas categorías sociales y se amoldó perfectamente a todos los ambientes; sin embargo, consagró lo mejor de su tiempo a los más humildes, y decía: *Siento vivos anhelos de hacer amar al Señor y a su Santísima Madre, de ir en forma pobre y sencilla a enseñar el catecismo a los pobres de los campos y alentar a los pecadores a la devoción a la Santísima Virgen.*

No eran solo palabras; el santo vive pobre y, si recibe dinero, lo entrega sin demora a los más necesitados. Ellos mismos lo ven tan menesteroso que en alguna ocasión llegaron a hacer una colecta para ayudarle. Los pobres eran para él un sacramento que contenía a Jesucristo, oculto bajo un exterior repelente. Dejó toda seguridad humana; dinero, vivienda, protección de los poderosos; renunció incluso a su hombre de familia, Bois Marquer, y lo sustituyó por el de su región, Montfort. Afirmaba decidido: *Suceda lo que suceda, nada me preocupa; tengo un Padre en el cielo que no me fallará jamás.*

San Luis María era un hombre lleno de audacia e inventiva. Tenía coraje y valor –no pocas veces iniciaba la misión entrando en cantinas y locales de mala reputación– un día le abofetean, otros le encarcelan, le envenenan, le amenazan de muerte, le persiguen los malhechores... pero concluye: *Si no arriesgamos nada por Dios, no haremos por Él nada que valga la pena.*

Grignion de Montfort es uno de los grandes apóstoles de la Virgen. Suyo es el popular eslogan «A Jesús por María». Bien sabe el santo, y lo escribe, que *¡María no es el centro, pero está en el centro!* María es el camino de ida y vuelta a la Sabiduría divina. Lo repite muchas veces:

Así como el Señor no quiso prescindir de María para venir a los hombres, así los hombres no podemos prescindir de María para llegar a Jesús. El que encuentra a María ha encontrado a Jesús. María nos mostrará siempre el fruto bendito de su vientre. María estará con Jesús y Jesús estará con María. Así lo encontraron los pastores y los magos. Así lo encontraremos siempre los redimidos.

Por eso quiere convencernos el santo para que nos abandonemos confiados en el regazo de la Madre, para descansar seguros en sus brazos, único refugio de esperanza en medio de los desequilibrios y zozobras del mundo. Predica a María como la estrella matutina que anuncia una luz esplendente; como un faro que lleva a feliz y seguro puerto.

Sobre su forma de relacionarse con la Virgen, dice un amigo del santo: «Acudía con la sencillez de un niño a implorar a la Virgen en todas sus necesidades, tanto temporales como espirituales; al parecer todo estaba resuelto cuando había implorado a su Bondadosa Madre, como él la llamaba. Era digno de ver su actitud al pie de las estatuas de la Santísima Virgen, en tales momentos no parece acordarse de nadie; estaba como enajenado, como en éxtasis».

María se convierte para Grignion de Montfort en una necesidad y de ahí que en el centro de su espiritualidad proponga la consagración a Jesucristo por manos de María, la consagración al Corazón de María. Es una fórmula más para recordar a todos que lo fundamental es responder a la vocación para la que ha sido creado el hombre: ser santo. Y, apoyado en el Evangelio, concreta cómo conseguirlo: con humildad de corazón, oración continua, mortificación, abandono en la Providencia y conformidad a la voluntad de Dios.

Santos nos quiere Dios. Para conseguirlo, san Luis María afirma que la mejor fórmula es dejarse moldear por la Virgen, y pone un ejemplo. Los escultores pueden hacer una estatua con dos técnicas. Bien directamente, atendiendo a su pericia; o bien utilizando un molde. El segundo método es más rápido, sencillo y económico, siempre que el molde sea perfecto y represente con exactitud la figura a reproducir y que la materia utilizada sea maleable y no oponga resistencia a su manejo. María es el molde maravilloso de Dios; quien se arroje en él y se deje moldear, recibirá todos los rasgos de Jesucristo.

El papa san Juan Pablo II tomó como lema una frase que repetía mucho este gran santo como fórmula de consagración a María, *Totus tuus*: «Soy todo tuyo oh María, y todo cuanto tengo, tuyo es».

INVITACIÓN

Seamos dóciles a lo que Dios nos pide, no defraudemos las expectativas que tiene sobre cada uno de nosotros.

ORACIÓN

Santa María, Madre de Dios,
consérvame un corazón de niño,
puro y cristalino como una fuente.
Dame un corazón sencillo que no saboree las tristezas;
un corazón grande para entregarse,
tierno en la compasión;
un corazón fiel y generoso que no olvide ningún bien
ni guarde rencor por ningún mal.
Fórmame un corazón manso y humilde,
amante sin pedir retorno,
gozoso al desaparecer en otro corazón
ante tu divino Hijo;
un corazón grande e indomable
que con ninguna ingratitud se cierre,

que con ninguna indiferencia se canse;
un corazón atormentado por la gloria de Jesucristo,
herido de su amor,
con herida que sólo se cure en el cielo.

L. de Grandmaison

DÍA 6

Santo Domingo de Guzman
(1171-1221)

En la misión encontró grandes dificultades,
pero María vino en su auxilio,
la vio siempre intercesora ante Dios.

Santo Domingo de Guzmán nació en el pueblo burgalés de
Caleruega a finales de 1171. Recibió la primera educación
de su madre y a los seis años fue entregado a un tío suyo,
arcipreste, para su educación literaria. A los catorce años le
enviaron al entonces famoso Estudio General de Palencia,
donde permaneció catorce años: seis estudiando Humanidades y Filosofía; cuatro, Teología; y otros cuatro como
profesor.

El joven Domingo se entregó de lleno al estudio, al tiempo que su corazón se hacía cada vez más sensible a las necesidades de los pobres. Le remordía la conciencia por no
carecer de nada mientras, en una época de hambre, había

muchos a su alrededor que no tenían lo imprescindible. En consecuencia, fue vendiendo todo su ajuar de joven estudiante, incluidos los libros, para repartir el dinero a los pobres. A quienes lo criticaban por este desprendimiento, les decía: *No puede ser que Cristo sufra hambre en los pobres, mientras yo guarde en mi casa algo con lo cual podría socorrerlos.*

En otra ocasión las lágrimas de una mujer, que lloraba la desgracia de su hermano apresado por los moros, le conmovieron tanto que decidió venderse él mismo como esclavo para rescatar al infortunado por el cual se le rogaba.

Este y otros actos de generosidad llegaron a oídos del obispo de Osma, don Martín Bazán, que deseoso de tenerle a su lado, le ofreció una canonjía. Domingo la aceptó. Tenía entonces veinticuatro años y estaba en vísperas de ser ordenado sacerdote.

Otro hecho que marcó la vida de Domingo fue el viaje que hizo por Europa, camino de Dinamarca, a donde acompañaba a su obispo en una misión diplomática encargada por el rey Alfonso VIII. El joven sacerdote quedó impresionado y dolorido por las grandes herejías que minaban las verdades de la doctrina católica.

En respuesta a todo esto, en 1207, empieza Domingo la etapa de misionero que siempre soñó. Con algunos compañeros, entre ellos su propio obispo de Osma, se entrega de lleno a la vida apostólica, viviendo de las limosnas que diariamente mendigaba, renunciando a toda comodidad, caminando a pie y descalzo, sin casa ni habitación propia en la que retirarse a descansar, sin más ropa que la puesta. Comprendiendo la necesidad de instruir a aquellas gentes incultas que arrastraban las herejías, determinó que su Orden fuera de predicadores, dispuestos a recorrer pueblos y ciudades para llevar a todas partes la luz del Evangelio.

En sus viajes observó que los predicadores de entonces viajaban en carruajes elegantes, con ayudantes y secretarios, se hospedaban en los mejores hoteles y su vida no era ciertamente un modelo de santidad; en consecuencia, las conversiones que conseguían eran insignificantes. Domingo se propuso un modelo de misionar completamente diferente.

Vio que a las gentes les impresionaba que el misionero fuera pobre, como el pueblo; que viviera una vida modélica y ejemplar para todos, y que se dedicara con todas sus energías a enseñarles la verdadera religión.

Sus armas para convertir eran la oración, la paciencia, la penitencia y muchas horas dedicadas a instruir a los ignorantes en religión. Cuando algunos católicos trataron de acabar con los herejes por medio de las armas o de atemorizarlos para que se convirtieran, les dijo: *Es inútil tratar de convertir a la gente con la violencia. La oración hace más efecto que todas las armas guerreras. No creáis que los oyentes se van a conmover y a volver mejores porque nos vean elegantemente vestidos. En cambio, con la humildad sí se ganan los corazones.*

El retrato que los biógrafos trazan de Domingo es altamente ejemplar y significativo para los creyentes de todas las épocas.

Su ecuanimidad era inalterable, a no ser cuando se turbaba por la compasión y la misericordia hacia el prójimo. Y como el corazón gozoso alegra el semblante, la hilaridad y la benignidad del suyo trasparentaban la placidez y el equilibrio del hombre interior. Sus compañeros decían: *De día nadie más comunicativo y alegre. De noche, nadie más dedicado a la oración y a la meditación.* Todas las personas cabían en la inmensa caridad de su corazón y, amándolos a todos, de todos era amado.

Consideraba un deber suyo alegrarse con los que se alegran y llorar con los que lloran, y, llevado de su piedad, se dedicaba al cuidado de los pobres y desgraciados.

Actuaba siempre con sencillez y, ni en sus palabras ni en sus obras, se observaba el menor vestigio de ficción o de doblez.

Vivió radicalmente la pobreza desde joven. Renunció a su tierra, a su patria y al patrimonio familiar para vivir de forma itinerante y mendicante como mensajero del Evangelio. Pobre en la comida, vive de limosna contentándose con el sustento de cada día y aguardando el del mañana. Pobre en el vestido, solo lleva una túnica y una miserable capa raída. Camina sin dinero y sin alforja. No tiene habitación ni en sus propios conventos.

La humildad de Domingo es profunda y auténticamente evangélica. Nace del hondo conocimiento de sí mismo y de la confrontación constante con el ideal de Jesucristo, manso y humilde de corazón. Su humildad no es una forma de comportarse ante los hombres, es una forma de ser en Cristo.

Era de pocas palabras cuando se hablaba de temas mundanos, pero cuando había que hablar de Jesucristo y de temas religiosos entonces sí que charlaba con verdadero entusiasmo. Sus libros favoritos eran el Evangelio de san Mateo y las Cartas de san Pablo. Siempre los llevaba consigo para leerlos y prácticamente se los sabía de memoria. A sus discípulos les recomendaba que no pasaran ningún día sin leer alguna página del Nuevo Testamento o del Antiguo.

En la misión encontró grandes dificultades, pero María vino en su auxilio, la vio siempre intercesora ante Dios. Una noche, de las muchas que pasaba santo Domingo en oración, según tradición se le apareció la Virgen y le reveló el Rosario como arma poderosa para ganar a las almas. Ella misma le enseñó a rezarlo y le pidió que lo propagara, prometiendo que muchos pecadores se convertirían y obtendrían abundantes gracias. María estaba siempre con Domingo en el camino y a ella acudía ante cualquier dificultad.

Con su Orden de Predicadores perfectamente estructurada y más de sesenta comunidades en funcionamiento, agotado físicamente, tras una breve enfermedad, murió santo Domingo el 6 de agosto de 1221, a los cincuenta y un años de edad, en el convento de Bolonia. Tuvieron que prestarle un colchón porque no tenía. Fue canonizado trece años después de su muerte por Gregorio IX, quien al proclamar el decreto de su santidad dijo: *De la santidad de este hombre estoy tan seguro como de la santidad de san Pedro y san Pablo.*

INVITACIÓN

Santo Domingo invitaba a los suyos a leer cada día una página del Nuevo Testamento o del Antiguo. Este podría ser un buen compromiso para crecer en nuestra vida cristiana, además de la oración continua.

ORACIÓN

Santo Domingo,
elegido de Dios para evangelizar el mundo,
predilecto de la Reina de los cielos,
cuyas glorias y amor publicaste y difundiste,
obtenednos el triunfo de la verdad sobre el error.
Tú, que fuiste modelo de santidad y penitencia,
hijo fiel y devoto de María,
ayúdanos a que Ella sostenga nuestra debilidad
para no apartarnos
de las enseñanzas del Evangelio.
Que Ella esté presente siempre en nuestras vidas
y nos proteja de todo mal, de toda tentación
de apartarnos de su hijo Jesucristo.
Ayúdanos también a ser evangelizadores,
comprometidos y coherentes con nuestra fe,
allí donde nos encontremos. Amén.

DÍA 7

Santa Teresa de Lisieux

(1873-1897)

*Siempre he hallado a esta Virgen soberana
en cuanto me he encomendado a ella.*

Teresa Martin nació en Alenzón. (Francia), en 1873. Era la menor de nueve hijos, pero cuatro de ellos murieron en la infancia. Los cinco restantes eran niñas y todas ellas abrazaron sucesivamente la vida religiosa.

Cuando Teresa tenía solamente cuatro años y medio, murió su madre; entonces el padre partió con sus cinco niñas hacia Lisieux con el fin de estar cerca de los parientes de la difunta madre.

La educación que la pequeña recibió en el Convento Benedictino de Lisieux, y el ejemplo de su hermana Paulina al ingresar en la Orden Carmelitana, movieron a la pequeña Teresa a solicitar hacerse carmelita cuando solo tenía nueve años. Lógicamente, la superiora pospuso indefinidamente tal demanda y la niña tuvo que esperar un tiempo y superar muchas pruebas.

La primera fue una grave enfermedad, acompañada de extraños síntomas, que desafiaron a la medicina. Solo desapareció el mal del cuerpo de Teresa, repentinamente, cuando invocaron a la Virgen durante la novena a Nuestra Señora de las Victorias. Más tarde ella misma recordará el hecho en su autobiografía: *De repente la estatua que estaba en mi habitación se animó. La Virgen María se embelleció tanto que nunca encontraría yo expresión adecuada que describiera tan divina hermosura. Su cara estaba radiante de dulzura, de bondad y de una inefable ternura; pero lo que penetró hasta lo más profundo de mi ser fue su arrebatadora sonrisa. Entonces desaparecieron mis dolores. La Santísima Virgen se adelantó hacia mí, me sonrió. Qué feliz soy, pensé para mí misma, pero no lo diré a nadie porque entonces esta felicidad desaparecerá.*

Tenía Teresa trece años cuando otras dos de sus hermanas entraron en el Carmelo. Un año más tarde logró ella el consentimiento del padre para hacer lo mismo, pero las autoridades eclesiásticas no lo permitieron, ni siquiera cuando Teresa se lo pidió personalmente al papa León XIII en una peregrinación a Roma. Sus deseos se hicieron realidad en la Cuaresma de 1888, a los quince años.

Teresa preparó su entrada en el Carmelo entregándose a la oración y a la mortificación. Dice ella misma:

Hice consistir mi meta en la destrucción de mi voluntad, reprimiendo toda palabra de réplica, haciendo pequeños servicios a los que me rodeaban sin que se dieran cuenta y miles de otras pequeñas cosas de este tipo. Practicando estas naderías me preparaba a ser la esposa de Jesús. No podría decir lo que este tiempo de espera me hizo adelantar en el abandono, la humildad y en las demás virtudes.

La que sería Patrona de las Misiones profesó como carmelita el 8 de septiembre de 1890 y pidió a Jesús ese día que le concediese el martirio de corazón y de cuerpo. Y efectivamente su vida en el Carmelo fue un doloroso calvario en el que la joven no solicitó ningún alivio, pues había tomado como lema que *uno debe llegar al límite de sus fuerzas antes de expresar ninguna queja.*

En efecto, el espíritu de sacrificio animaba toda la vida de Teresa; tanto, que confesó: *He llegado al punto en que no puedo ya sufrir más, porque el sufrimiento me es dulce.* Hasta los últimos momentos de su vida recibía las penas con cara sonriente, fueran los dolores de su cuerpo o las pruebas que debía soportar su alma. En una ocasión alguien le comentó: «Tus sufrimientos son terribles»; ella contestó: *¡No! no son terribles; ¿puede una pequeña víctima del amor considerar terrible aquello que su Esposo le manda? Él me da en cada instante justamente lo que puedo soportar y, si después aumenta mi sufrimiento, aumenta también Él mi fortaleza.*

Quería ser santa y le parecía que existía una distancia inmensa entre ella y los santos. Sin embargo, se decía a sí misma, *Dios no me hubiera dado ese ardiente deseo de santidad si no hubiera algún medio por el cual pudiera alcanzarla. Quiero encontrar un medio de llegar al cielo por un camino que sea muy corto y directo, un caminito que es bastante nuevo. Quiero encontrar un ascensor que me lleve directo a Jesús, soy demasiado pequeña para ascender la escalinata de la perfección. El ascensor que me llevará a los cielos son tus brazos, oh Jesús. Así no tengo necesidad de crecer sino más bien de permanecer pequeña, más y más cada día.*

El camino de santidad que Teresa muestra es el de la infancia espiritual, el de la confianza y la entrega total. Afirmó: *Solo hay una cosa que hacer, y es arrojar pequeños sacrificios a los pies de Jesús y conquistar su corazón con nuestras caricias. No permitir que se escape un pequeño sacrificio, una mirada, una palabra, aprovechando hasta los más mínimos actos y haciéndolos por amor a Jesús.*

Todo lo hizo por Él; sufrió y amó. Pocos minutos antes de morir, el 30 de septiembre de 1897, se incorporó en la cama y gritó: *Madre mía, el cáliz está colmado. ¡No!, nunca hubiera yo creído posible sufrir tanto; puedo explicarlo únicamente por mi deseo de salvar almas.* Sus últimas palabras fueron: *¡Te amo, Dios mío, te amo!*

Desde la primera página de los escritos de Teresa, aparece la Virgen como uno de los recuerdos más importantes de su niñez. Su madre le inculcaba su devoción y con ella se ejercitaba en el rezo de Rosario. Recuerda su reacción ante la muerte de su progenitora: *Afligida me fui ante una imagen de nuestra Señora y suplicaba fuese mi madre con muchas lágrimas. Y siempre he hallado a esta Virgen soberana en cuanto me he encomendado a ella.* Teresa atribuye a la Virgen una protección constante y, de manera especial, la gracia de su conversión.

En Teresa, la devoción a la Virgen pasa a ser también, como en otros aspectos de su vida, una experiencia mística. Contempla la presencia de María en el misterio pascual de su Hijo; participa con Ella en la pena de su desolación y la alegría de la Resurrección. Ve la fortaleza de María y su comunión con el misterio de Cristo al pie de la cruz. Se alegra con la glorificación de la Virgen en la fiesta de su Asunción gloriosa. Tiene conciencia de que la Virgen acompaña con su intercesión constante a la comunidad en oración. Percibe la cercanía de la Virgen en el misterio de la Trinidad y el hecho de que Ella, con Cristo y el Espíritu Santo, son un don inefable de Dios Padre.

María es para santa Teresa de Lisieux modelo y madre de la vida espiritual. Y entre las virtudes características de la Virgen que la santa propone a la imitación, hay una que las resume todas: María es la primera cristiana, la discípula del Señor, la seguidora de Cristo hasta el pie de la Cruz. Es el modelo de una adhesión total a la humanidad de Cristo y a la comunión con él en sus misterios.

También presenta a María pobre y humilde como modelo. La Virgen se hace pobre con Cristo y contempla con humildad y estupor las maravillas de Dios, asintiendo a su voluntad.

La Virgen intercede por los pecadores cuando se encomiendan a Ella. Es ejemplo y modelo de todas las virtudes, para que con sus méritos y con sus virtudes pueda servir de aliento a la conversión. Es la Esposa del Cantar de los Cantares, modelo de las almas perfectas. Y es la Madre en la que todas las gracias se resumen en su comunión con el sufrimiento de Cristo.

INVITACIÓN

Veamos los pequeños o grandes sufrimientos de nuestra vida como una oportunidad para estar más cerca de Dios y de María.

ORACIÓN

Santa Teresa de Liseux,
que has sido justamente proclamada
Patrona de las Misiones de todo el mundo:
acuérdate de los ardientes deseos que mostraste,
cuando vivías en la tierra,
de querer plantar la Cruz de Jesucristo
en todas las naciones
y anunciar el Evangelio
hasta la consumación de los siglos.
Te suplicamos que ayudes, según tu promesa,
a los sacerdotes, a los misioneros y a toda la Iglesia
para hacer presente el mensaje de Jesús
en todo el mundo y en todos los corazones. Amén.

DÍA 8

San Pedro Damián

(1007-1072)

*Cualquier honor que pudiésemos dar a María,
está por debajo de sus méritos.*

San Pedro Damián es una de esas figuras severas que, como san Juan Bautista, surgen en épocas de relajación y corrupción para apartar a las gentes del error y encaminarlas por el sendero de la virtud. Fue un hombre que corrigió los vicios con sus palabras y con sus buenos ejemplos.

Tuvo una infancia particularmente difícil. Nació en Rávena (Italia) en el año 1007, siendo el benjamín de una familia numerosa; sus padres eran nobles, pero pobres. A su nacimiento, un hermano mayor protestó contra esa nueva carga para los recursos de la familia, con tal efecto que su madre rehusó amamantarlo y el bebé casi se muere. Una sirvienta, sin embargo, lo alimentó y mediante su ejemplo y reproches hizo retornar a la madre a su deber.

Dejado en un orfanato a temprana edad, primero fue adoptado por un hermano mayor, que lo maltrataba y lo hacía trabajar como cuidador de cerdos. Otro hermano, que era arcipreste, se apiadó de él y lo encaminó al estudio, dadas las extraordinarias dotes intelectuales que apuntaba.

Efectivamente, Pedro no defraudó y cuando llegó a los veinticinco años ya era un reputado profesor en Parma y Rávena. Sin embargo, la vida universitaria llena de distracciones no le convencía, y cuando conoció a dos monjes del monasterio benedictino de Fonte Avellana, que le ofrecieron vida austera y retirada, se fue con ellos.

Tanto de novicio como de profeso, su fervor era extraordinario. Se tomó las penitencias tan en serio que su salud se resintió, pasaba las noches sin dormir y la debilidad no le dejaba hacer nada. Entonces comprendió que la mejor penitencia es tener paciencia con las penas que Dios permite que nos lleguen, dedicarse a cumplir exactamente los deberes de cada día y trabajar con todo empeño.

Esta experiencia personal le fue de gran utilidad para dirigir espiritualmente a otros y enseñarles que, en vez de hacer enfermar al cuerpo con penitencias exageradas, hay que hacerlo trabajar fuertemente a favor del Reino de Dios y de la salvación de las almas.

En sus años de monje, Pedro Damián aprovechó el ambiente de silencio y soledad para estudiar profundamente la Biblia y los escritos de los santos. La sabiduría que adquirió se refleja en los libros y cartas que han llegado hasta nosotros. En los ratos que no estaba rezando o estudiando, se dedicaba a labores de carpintería para ayudar al sostenimiento del convento.

Al morir el abad, los monjes eligieron a Pedro para sustituirlo. Él no se veía adecuado para el cargo, pero aceptó finalmente. Dirigió la comunidad con prudencia y piedad, era humilde hasta el punto de pedir perdón en público por cualquier falta que cometía. Suavizó la rigidez de la regla y atrajo tantas vocaciones que abrieron cinco conventos más durante su gobierno. Muchas personas se dirigían espiritualmente con él.

San Pedro Damián no toleraba la falta de exigencia ni mucho menos la corrupción de la Iglesia de aquella época. Escribió cartas muy serias a cuatro papas recomendándoles que hiciesen todo lo posible para que la relajación y las malas costumbres no se apoderaran de la Iglesia y de los sacerdotes. Criticaba fuertemente a los que son amigos de pasear mucho, pues decía *quien mucho pasea, muy difícilmente llega a la santidad.*

El papa Esteban IX lo nombró obispo y cardenal de la ciudad de Ostia. Nuevamente se resistió Pedro a una encomienda de relieve, pero el Papa no le admitió la negativa. Impresionado por las responsabilidades de su cargo, Pedro escribió una carta a los cardenales exhortándolos a brillar por su ejemplo antes que nada.

Se sentía incómodo en el cargo y muchas veces rogó al Papa que le permitiese renunciar al gobierno de la diócesis y regresar a su convento. Sus deseos se hicieron realidad cuando fue nombrado papa Alejandro II, gran amigo suyo, aunque se reservó el derecho de encomendarle misiones pontificias especiales, como la que desempeñó en los últimos días de su vida ante el excomulgado obispo de Ravena.

Las correcciones de san Pedro Damián generalmente eran bien acogidas. La gente decía: «El padre Damián es fuerte en el hablar, pero es santo en el obrar, y eso hace que hagamos caso con gusto a sus llamadas de atención». Sabía tratar a los pecadores con bondad e indulgencia cuando la caridad y la prudencia lo pedían. Se ha dicho de él que «su genio consistía en exhortar y mover al heroísmo, en predicar acciones extraordinarias y recordar ejemplos conmovedores; en sus escritos arde el fuego de una extraordinaria fuerza moral».

Fue particularmente exigente con sus monjes y el clero, a quienes recomendaba la fidelidad a la disciplina más que los ayunos prolongados. Decía: *Es imposible restaurar la disciplina una vez que ésta decae; si nosotros, por negligencia, dejamos caer en desuso las reglas, las generaciones futuras no podrán volver a la primitiva observancia.* Predicó a favor del celibato de los sacerdotes y pedía que el clero diocesano viviese en comunidad.

Lo que más le agradaba era retirarse a la soledad a rezar y meditar. También ayudaba a los pobres. Todo el dinero que le llegaba lo repartía entre la gente más necesitada.

Gran devoto de la Virgen, san Pedro Damián la relaciona especialmente con la Eucaristía. Dice a los creyentes:

Mis queridos hermanos, os pido que penséis cómo somos deudores de la bienaventurada Madre de Dios, y qué de acciones de gracias le debemos rendir, después de a Dios, por tan gran beneficio. Pues este cuerpo de Cristo que Ella engendró y llevó en su seno, que envolvió en pañales, que alimentó con su leche con una solicitud materna, es el mismo Cuerpo que recibimos en el altar; es su Sangre la que bebemos en el Sacramento de nuestra redención.

Esto es lo que sostiene la fe católica, y lo que enseña la Santa Iglesia. No, no hay palabras humanas que sean capaces de alabar dignamente a Aquella de quien tomó su carne el Mediador entre Dios y los hombres.

Cualquier honor que le pudiésemos dar, está por debajo de sus méritos, ya que Ella nos ha preparado en su casto seno la Carne inmaculada que alimenta nuestras almas. Eva comió un fruto que nos privó del eterno festín; María nos presenta otro que nos abre la puerta del banquete celestial.

Ruega a María que, aunque haya sido elevada al cielo, no se olvide de nuestra humanidad y nos ampare en los peligros e infidelidades que nos acechan continuamente. Y la alaba por su amor:

Yo sé, mi divina Maestra, que sois muy bondadosa y nos amáis con un amor invencible, porque vuestro Hijo y vuestro Dios nos ha querido en Vos y por Vos con un amor sin límites.

Implora a la Virgen como guardiana del tesoro de la divina misericordia:

Solo Vos habéis sido elegida para recibir el depósito de una gracia tan maravillosa. Dios no quiere que vuestra mano permanezca ociosa, y además Vos no buscáis más que la ocasión de salvar a los miserables y derramar sobre ellos la misericordia. No es disminución, sino aumento de vuestro honor, cuando los penitentes son admitidos al perdón, y los justificados a la gloria.

INVITACIÓN

Estemos vigilantes para mantener siempre viva la llama de nuestra fe y para vivir coherentemente y con exigencia los valores del Evangelio.

ORACIÓN

Ave María, dulce Madre de la Eucaristía.
Con dolor y mucho amor, nos has dado
a tu Hijo Jesús mientras pendía de la Cruz.
Nosotros, débiles criaturas, nos aferramos a ti
para ser hijos dignos de este
gran amor y dolor.
Ayúdanos a ser humildes y sencillos,
ayúdanos a amar a todos los hombres,
ayúdanos a vivir en la gracia
estando siempre listos para recibir
a Jesús en nuestro corazón.
Oh María, Madre de la Eucaristía,
nosotros, por cuenta propia, no podremos comprender
este gran misterio de amor.

Que obtengamos la luz del Espíritu Santo,
para que así podamos comprender
aunque sea por un solo instante,
todo el infinito amor de tu Jesús
que se entrega a sí mismo por nosotros. Amén.

DÍA 9

San Antonio María Claret

(1807-1870)

Para mí, María, su Corazón Inmaculado,
ha sido siempre y es mi fuerza,
mi guía, mi consuelo, mi modelo, mi Maestra,
mi todo después de Jesús.

Era el quinto de doce hermanos y le bautizaron el día de Navidad de 1807, dos días después de su nacimiento, en la villa barcelonesa de Sallent. Su padre tenía unos telares y el chico apuntó enseguida inteligencia para el oficio, aunque le atraían enormemente los libros y soñaba ser un día sacerdote.

Toda la adolescencia la pasó san Antonio María Claret en el taller de su padre y consiguió llegar a maestro en el arte del textil. Para perfeccionarse en el oficio pidió a su padre que le permitiera ir a Barcelona, donde trabajaba de día y estudiaba de noche. Un grupo de hombres de negocios, admirados de su buen hacer, le propusieron financiarle una empresa, pero Antonio lo rechazó. Otras ideas más espirituales rondaban por su cabeza y a los veintiún años renunció al prometedor futuro para irse al seminario de Vic e iniciar los estudios sacerdotales, una vez hubo descartado su primera idea de entrar en la cartuja.

Tenía veintisiete años cuando fue ordenado sacerdote. No era fácil ser pastor de almas en su propio pueblo, al que fue destinado, y aunque se entregó en cuerpo y alma al trabajo pastoral, él quería horizontes más amplios, por lo que solicitó ir a Roma para ser misionero en tierras lejanas. Por el camino entró en contacto con los jesuitas y llegó a estar tres meses en el noviciado, pero finalmente se convenció de que los caminos de Dios no eran los suyos.

Regresó a Vic y se dedicó de lleno a evangelizar de forma itinerante, de pueblo en pueblo. Claret, siempre a pie, con un mapa de hule, su hatillo y su breviario, caminaba por la nieve, en medio de tormentas o a pleno sol. Se juntaba con arrieros y comerciantes y les hablaba del Reino de Dios. Y muchos se convertían. Cuentan de él numerosos hechos prodigiosos y el impacto que causaba su virtud de leer las conciencias; también la de los enemigos que le impedían su labor evangelizadora y el temple de acero que él tenía para no achicarse ante nada.

Además de la predicación, Antonio se dedicaba a dar Ejercicios Espirituales al clero y a comunidades religiosas, y a escribir numerosos folletos y libros. De entre ellos cabe destacar el *Camino recto*, publicado por primera vez en

1843 y que sería el libro de piedad más leído del siglo XIX. La tarea de escribir no la abandonó nunca, firmó 96 obras y animaba su difusión diciendo que *los libros son la mejor limosna.*

Entre tanto, la situación política en España se complicó en extremo y la persecución religiosa impedía desarrollar las misiones populares en Cataluña, por lo que el santo se fue a evangelizar a Canarias; allí gastó quince meses de su vida y dejó atrás conversiones y prodigios, profecías y leyendas, y un imborrable recuerdo.

De nuevo en su tierra, el 16 de julio de 1849, fundaba con otros compañeros la Congregación de los Misioneros Hijos del Inmaculado Corazón de María, hoy popularmente conocidos como Claretianos. Sin embargo, sus trabajos como fundador se vieron interrumpidos pocos meses después al ser nombrado obispo de Santiago de Cuba, entonces provincia española de ultramar. Fue consagrado en octubre y contaba cuarenta y dos años.

Antes de embarcarse para la isla, efectuó tres visitas: a la Virgen del Pilar, a la Virgen de Montserrat y a la Virgen de Fusimaña, en su pueblo natal. Y aún le dio tiempo para fundar las Hijas del Inmaculado Corazón de María.

Seis años estuvo Antonio en Cuba misionando, sembrando el amor y la justicia en un ambiente de discriminación racial e injusticia social. Se enfrentó a los capataces explotadores. Un día reprendió a un rico propietario que maltrataba a los pobres negros que trabajaban en su hacienda. Viendo que aquel hombre no estaba dispuesto a cambiar de conducta, el santo intentó darle una lección. Tomó dos trozos de papel, uno blanco y otro negro. Les prendió fuego y pulverizó las cenizas en la palma de su mano. *Señor –le dijo–, ¿podría decir qué diferencia hay entre las cenizas de estos dos papeles? Pues así de iguales somos los hombres ante Dios.*

Regresó de Cuba en 1857 porque la reina Isabel II lo reclamó como su confesor. Antonio aceptó con tres condiciones: no vivir en palacio, no implicarse en política y tener libertad de acción apostólica. Permaneció once años en el cargo y desarrolló una intensa actividad pastoral en la corte y en la capital. Una de las tareas que le encomendaron fue la restauración del Monasterio de El Escorial. En tal empresa sacó a relucir el santo sus buenas cualidades de organizador y consiguió hacer del monasterio un gran centro de cultura y de espiritualidad.

En 1868, tras el triunfo de la Revolución, salió de España acompañando a la Familia Real. Al año siguiente, él dejó su cargo y se fue a Roma, donde participó en el Concilio Vaticano I. Murió el 24 de octubre de 1870, a los sesenta y dos años de edad.

En 1950 Pío XII lo proclama santo y dice de él aquel día: *San Antonio María Claret fue un alma grande, nacida como para ensamblar contrastes: pudo ser humilde de origen y glorioso a los ojos del mundo. Pequeño de cuerpo, pero de espíritu gigante. De apariencia modesta, pero capacísimo de imponer respeto incluso a los grandes de la tierra. Fuerte de carácter, pero con la suave dulzura de quien conoce el freno de la austeridad y de la penitencia. Siempre en la presencia de Dios, aun en medio de su prodigiosa actividad exterior. Calumniado y admirado, festejado y perseguido. Y, entre tantas maravillas, como una luz suave que todo lo ilumina, su devoción a la Madre de Dios.*

En efecto, la Virgen fue la estrella que guio su vida. De niño la visitaba en el altar de la parroquia y se imaginaba que sus oraciones subían al cielo por unos «hilos misteriosos». Rezaba una parte del Rosario todos los días; y de mayor, los quince misterios. Pasaba largo tiempo frente a una imagen de la Virgen haciendo sus oraciones y rezos, y hablándole con cordialidad y confianza, porque estaba convencido de que Ella lo escuchaba.

En obsequio a la Virgen María evitaba toda forma de pecado por nimia que fuese, e incluso se privaba de cosas lícitas. Él amaba a María, pero María le amaba más a él, pues siempre le concedía lo que solicitaba y aun cosas que nunca pidió. Lo libró de enfermedades, de peligros e incluso de la muerte muchas veces. Decía el santo:

Ya veis cuánto importa ser devoto de María Santísima. Ella os librará de males y desgracias de cuerpo y alma. Ella os alcanzará los bienes terrenales y eternos. Rezadle el Santo Rosario todos los días con devoción y fervor y veréis cómo María Santísima será vuestra Madre, vuestra abogada, vuestra medianera, vuestra maestra, vuestro todo después de Jesús.

Y confiesa:

Ni en mi vida personal, ni en mis andanzas misioneras podía olvidarme de la figura maternal de María. Ella es todo corazón y todo amor. Siempre la he visto como Madre del Hijo amado y esto la hace Madre mía, Madre de la Iglesia, Madre de todos. Mi relación con María siempre ha sido muy íntima y a la vez cercana y familiar, de gran confianza. Yo me siento formado y modelado en la fragua de su amor de Madre, de su Corazón lleno de ternura y amor. Por eso me siento un instrumento de su maternidad divina. Ella está siempre presente en mi vida y en mi predicación misionera. Para mí, María, su Corazón Inmaculado, ha sido siempre y es mi fuerza, mi guía, mi consuelo, mi modelo, mi Maestra, mi todo después de Jesús.

Le bautizaron con el nombre de Antonio y murió llamándose Antonio María. Él mismo da la razón: *Yo añadí el dulcísimo nombre de María porque Ella es mi Madre, mi Madrina, mi Maestra y mi todo, después de Jesús.*

INVITACIÓN

Que María sea nuestro todo después de Jesús. Mantengamos largos ratos de oración ante Ella para inspire nuestro actuar.

ORACIÓN

Corazón inmaculado de María,
desbordante de amor a Dios y a la humanidad
y de compasión por los pecadores.

Haz que nuestro corazón esté siempre unido al tuyo,
para que nos separemos del pecado,
amemos más a Dios y al prójimo
y alcancemos la vida eterna
juntamente con aquellos que amamos.
Llenos de confianza en tu maternal corazón,
acudimos a ti en nuestras necesidades.
Intercede para que se nos conceda
lo que sea para mayor gloria de Dios y bien nuestro.
Corazón de María, perfecta imagen
del corazón de Jesús,
haz que nuestros corazones
sean semejantes a los vuestros. Amén.

DÍA 10
San Juan de Ávila
(1499-1569)

Más quisiera estar sin pellejo
que sin devoción a la Virgen.

Como señaló la Conferencia Episcopal Española con motivo de la celebración de los 500 años del nacimiento de san Juan de Ávila, este santo fue una vocación para la reforma que la Iglesia necesitaba en los momentos de profunda crisis del siglo XVI. Destacó por la calidad de su doctrina teológica y la sabiduría de sus consejos como guía espiritual.

Convenientemente preparado en su villa natal de Almodóvar del Campo (Ciudad Real), a los catorce años ingresó en la Universidad de Salamanca, donde cursó Leyes al tiempo que sentía la llamada de Dios. Regresó a su pueblo y se consagró a una vida de oración y penitencia. Más tarde estudió Filosofía y Teología en Alcalá para prepararse al sacerdocio. Deslumbró a sus maestros, entre ellos al teólogo

Domingo de Soto, por su agudeza de ingenio, la admirable memoria y su incansable aplicación al estudio.

Quiso aplicar su primera misa en Almodóvar del Campo por sus difuntos padres. La ceremonia se celebró con la presencia de doce pobres que comieron luego a su mesa. Después vendió todos los bienes heredados y repartió el dinero a los necesitados. De esta forma se consagró por entero a la evangelización, comenzado por su propio pueblo.

Enriquecido con la ciencia humana y teológica, se consagró a enseñar con su predicación, cartas, consejos y tratados espirituales a personas de toda edad, estado y condición social. Se relacionó con personalidades de talla espiritual tan sobresaliente como san Pedro de Alcántara, san Ignacio de Loyola, san Francisco de Borja, santa Teresa de Jesús o fray Luis de Granada.

En algunos influyó de manera decisiva. También, ayudó a san Juan de Dios en el proceso de su conversión y en su posterior camino espiritual. Y apoyó la doctrina espiritual de santa Teresa de Jesús en una carta, que se considera la llave de oro de la mística española del siglo XVI, y en la que daba su juicio favorable a los escritos que la santa de Ávila le había enviado solicitando su opinión.

Aunque quiso ir a tierras de misión, le indicaron que su campo estaba en Andalucía, tan necesitada en aquel momento de doctrina, pues, islamizada durante siglos, se encontraba en plena reconstrucción cristiana y social.

La calumnia le llevó a estar en la cárcel durante un año. Dice el santo que allí aprendió más del misterio de Cristo que en sus estudios teológicos y vida anterior. Allí también fue dando cuerpo a su proyecto *Audi, Filia*, único libro que escribió, que se convertiría en referente histórico de la dirección espiritual.

La característica que mejor le cuadra a san Juan de Ávila es la de predicador. El centro de su mensaje era Cristo crucificado y, como san Pablo, lo anunciaba en los templos y en las calles. Sus palabras iban directamente a provocar la conversión, la limpieza de corazón. El contenido de su predicación era siempre profundo, con una teología muy bíblica; pero precedida siempre de una intensa oración, a la que dedicaba dos horas por la mañana y otras dos por la tarde. Cuando le preguntaban qué había que hacer para predicar bien, respondía: *amar mucho a Dios*. Y apunta su biógrafo que su principal librería era el crucifijo y el Santísimo Sacramento. Definía la oración como *una secreta e interior habla con que el ánima se comunica con Dios*, y afirmaba: *Los que no cuidan de tener oración, con sola una mano nadan, con sola una mano pelean y con un solo pie andan.*

Fue un gran catequista y pedagogo, un buen ejemplo y estímulo para nosotros hoy, como recomiendan los obispos españoles: «Él sabe transmitir con seguridad el núcleo del mensaje cristiano y formar en los misterios centrales de la fe y en la implicación en la vida cristiana; provoca la adhesión a Jesucristo y llama a la conversión. Inventa un catecismo en verso para cantar con los niños, con tanto éxito pedagógico que los jesuitas lo adoptaron en sus Colegios, y se extendería por buena parte de España, y particularmente en América e incluso en África. Su método tenía, además, la particularidad de que los mismos niños se convertían en catequistas de otros niños». Siempre que predicaba a los adultos, se ocupaba también del catecismo de los pequeños.

Respecto a la pastoral de la educación y de la cultura, Juan de Ávila fue un pionero. Fundó una universidad, dos colegios mayores, once escuelas y tres convictorios para la formación permanente integral del clero. Varias de estas escuelas y colegios eran para niños huérfanos y pobres. Buscaba con ello lo que hoy llamamos la formación integral con una orientación cristiana de la vida. Para sacar adelante esas obras tuvo que relacionarse con personas amigas y él mismo pedir limosna. Hacía notar a los gobernantes la importancia de las escuelas de niños por *ser aquella edad el fundamento de toda la vida* y que las tenían que establecer *a costa de dineros de la ciudad*. También al Concilio de Trento le insiste en el mismo tema e incluso propone la oportunidad de establecer escuelas nocturnas de adultos.

No aceptaba limosnas ni estipendios por los sermones, ni hospedaje en casa de los ricos o en los palacios episcopales; vivió y murió pobremente. El conocimiento de sí mismo era el secreto para guardar el equilibrio al reprender a los demás. Se consideraba un gran pecador e incluso en el lecho de muerte no quiso que se le dijeran cosas elevadas, sino las mismas que se decían a los que van a morir por sus delitos.

En la Santa Misa centraba toda la evangelización y vida sacerdotal. Fue el apóstol de la comunión frecuente y prefería la presencia eucarística a la visita a los Santos Lugares.

En el cuadro de la santidad de su vida resalta también la devoción a María. En 35 cartas, de las 257 que se conservan, alude a la Santísima Virgen para glosar algunas de sus prerrogativas y proponer sus virtudes a la imitación de los creyentes. La devoción a María la expresa continuamente y la aconseja a todo el mundo.

Su biógrafo, fray Luis de Granada, escribe a este propósito: *Era grande la devoción a la Eucaristía, y muy grande la que tenía a nuestra Señora que aparecía en la ternura y devoción de los sermones que de Ella predicaba. Como era tan amigo del Hijo, así lo era de la Madre, que quien ama mucho a uno ha de amar mucho al otro.* Y así el santo unía los misterios del Señor con la presencia de su Madre.

Por ejemplo, al señalar los diversos pasos de la Pasión para meditar según los días de la semana, al llegar al sábado comenta:

Y en el sábado pensad en la lanzada cruel de su sagrado costado, y cómo le quitaron de la cruz y le pusieron en brazos de su sagrada Madre... Y pensad en este día las grandes angustias que la Virgen Madre pasó, y sedle compañía fiel para ayudarla, porque además de ser cosa debida os será muy provechosa.

Juan de Ávila aconseja la intimidad con María, Virgen y Madre. Son muy gráficas y conocidas sus frases con las que mostraba su hondísima devoción mariana: *Más quisiera estar sin pellejo que sin devoción a la Virgen.* Y esta otra de sabor autobiográfico: *Rogad a la Virgen que os dé ojos para saberla mirar. Cuando yo veo una imagen de María con un Niño en los brazos, pienso que he visto todas las cosas.*

INVITACIÓN

La oración es fundamental en la vida del creyente. Pidamos a María que nos dé el deseo de intimar con Dios.

ORACIÓN

Virgen Madre:
Tengo mil dificultades: ayúdame.
De los enemigos del alma: sálvame.
En mis desaciertos: ilumíname.
En mis dudas y penas: confórtame.
En mis enfermedades: fortaléceme.
Cuando me desprecien: anímame.
En las tentaciones: defiéndeme.
En horas difíciles: consuélame.
Con tu corazón maternal: ámame.
Con tu inmenso poder: protégeme.
Y en tus brazos al expirar: recíbeme.
Virgen María, ruega por nosotros. Amén.

DÍA 11
San Efrén de Siria
(306-373)

María es la mediadora de todos nosotros
ante el mediador que es Cristo

San Efrén es el único de los Padres Sirios que es Doctor de la Iglesia Universal y el único de los Doctores que es solo diácono. Tanto católicos como ortodoxos le llaman «Arpa del Espíritu Santo» y todos han enriquecido sus liturgias con sus homilías e himnos.

Efrén nació alrededor del año 306 en Nisibis (hoy Nusaybin, Turquía). No se sabe si sus padres eran cristianos, pero él reconoce que de joven no le daba mucha importancia a la religión. Recibió el bautismo a los dieciocho años y permaneció junto al famoso obispo san Jacobo, con quien asistió al Concilio de Nicea, en el año 325.

Aunque los persas no pudieron conquistar Nisibis por las armas en tres asedios, lo consiguieron al fin por vía política.

Ello acarreó desastrosas consecuencias para los cristianos, que tuvieron que huir. San Efrén se refugió entonces en una caverna abierta entre las rocas de un acantilado desde el que dominaba la ciudad de Edessa. Allí vivió con absoluta austeridad, sin más alimento que un poco de pan de centeno y algunas legumbres; y fue en aquella soledad donde escribió la mayoría de sus inmortales obras.

Sin embargo, no perdió el contacto con el mundo. Frecuentemente bajaba a la ciudad para ocuparse de asuntos que afectaban a la Iglesia. Predicaba a menudo y con elocuencia vigorosa, tanto que conmovía emocionalmente al auditorio. Se adelantó así a las devociones y espiritualidades sensibles que surgirían con fuerza en tiempos de san Francisco de Asís.

El obispo le nombró director de la escuela de canto religioso y allí, durante trece años, Efrén formó a muchos maestros de canto para que animaran las celebraciones religiosas en las parroquias.

Dicen las crónicas que san Efrén era de baja estatura, medio calvo y lampiño, tenía la piel seca y morena como el barro cocido y vestía andrajos remendados; pero no se conserva ningún retrato suyo. Lo que sí sabemos con certeza es que era un grandísimo poeta que puso su inspiración al servicio de la fe y la sana doctrina.

Observó que los enemigos de la Iglesia utilizaban canciones y músicas populares para sus fines. Comprendió así el santo la importancia de estos medios y valoró el canto como un medio valioso en la liturgia. Sus magníficas composiciones se cantaban en las iglesias por un coro de voces femeninas y consiguió suplantar otras canciones doctrinalmente heterodoxas.

No llegó a ser diácono sino a edad avanzada. Su humildad le obligaba a rehusar la ordenación sacerdotal y los cargos de relieve.

En los últimos años de su vida viajó desde Edessa a Cesarea, en la Capadocia, para visitar a san Basilio, de quien tanto y tan bien había oído hablar, y a san Gregorio de Nissa, su hermano.

La última vez que tomó parte en los asuntos públicos fue en el invierno entre los años 372 y 373, poco antes de su muerte. Había hambre en toda la comarca y san Efrén se hallaba profundamente apenado por los sufrimientos de los pobres. Los ricos de Edessa se negaban a la solidaridad porque consideraban que no se podía confiar en nadie para hacer una justa distribución de alimentos y limosnas; el santo ofreció sus servicios y fueron aceptados. Para satisfacción de todos, administró considerables cantidades de dinero y de abastecimientos que le fueron confiadas, además de organizar un eficaz servicio de socorro que incluía la provisión de 300 camillas para transportar a los enfermos. Terminada su misión en la ciudad, regresó a su cueva y solo vivió treinta días más.

Su testamento es un valioso testimonio de su personalidad. Dice en él:

No me embalsaméis con aromáticas especies, porque no son honras para mí. Tampoco uséis incienso ni perfumes;

el honor no me corresponde a mí. Quemad el incienso ante el altar santo: A mí, dadme solo el murmullo de las preces. Dad vuestro incienso a Dios, y a mí cantadme himnos. En vez de perfumes y de especias, dadme un recuerdo en vuestras oraciones... Mi fin ha sido decretado y no puedo quedarme. Dadme provisiones para mi larga jornada: vuestras plegarias, vuestros salmos y sacrificios. Contad hasta completar los treinta días y entonces, hermanos, haced recuerdo de mí, ya que, en verdad, no hay más auxilio para el muerto sino el de los sacrificios que le ofrecen los vivos.

San Efrén ha dejado a la posteridad una abundante producción, escrita en sirio o traducida, sobre temas doctrinales y de exégesis bíblica; y todas las obras, salvo los comentarios, en verso. Es considerado en la Iglesia el primer poeta de María, y permanece entre los más importantes.

En efecto, él es un gran devoto de María y por sus versos sabemos la profunda veneración que ya se le tenía en el siglo IV, como acredita el poema que compuso, en el año 333, con los más bellos títulos que los cristianos otorgaban a la Santísima Virgen:

Señora Nuestra Santísima, Madre de Dios, llena de gracia:
Tú eres la gloria de nuestra naturaleza humana,
por donde nos llegan los regalos de Dios.
Eres el ser más poderoso que existe,
después de la Santísima Trinidad;
la Mediadora de todos nosotros
ante el mediador que es Cristo;

Tú eres el puente misterioso que une la tierra con el cielo,
eres la llave que nos abre las puertas del Paraíso;
nuestra Abogada, nuestra Intercesora.
Tú eres la Madre de Aquel que es
el ser más misericordioso y más bueno.
Haz que nuestra alma llegue a ser digna de estar un día
a la derecha de tu Único Hijo, Jesucristo. Amén.

San Efrén destaca el sentido íntimo que tiene la acción de María en nuestras vidas. Por eso es popular y siempre actual. Es su experiencia la que reza y canta. Y desde esa devoción cordial le vemos humilde, doloroso, tierno y confiado ante María. Se percibe al niño pequeño que siente la necesidad de una madre. Es el primero en subrayar la mediación de María, su poder intercesor ante Cristo. Llega a pedir a María que «fuerce la misericordia de su Hijo».

Y como poeta escribe en su «Himno a la Virgen María»: *La Virgen me invita a cantar el misterio que yo contemplo con admiración. Santa de cuerpo, completamente hermosa de alma, pura de espíritu, sincera de inteligencia, perfecta de sentimientos, casta, fiel, pura de corazón, leal, está llena de todas las virtudes.*

Que en María se alegren todos. *En lugar del fruto amargo cogido por Eva del fatal árbol, María ha dado a los hombres un fruto lleno de dulzura. Y he aquí que el mundo entero se deleita por el fruto de María. El árbol de la vida, oculto en medio del Paraíso, ha surgido en María y ha extendido su sombra sobre el universo, ha esparcido sus frutos, tanto sobre los pueblos más lejanos como sobre los más próximos.*

INVITACIÓN

Inspirados en san Efrén, cantemos las glorias de María, ayudando a los más necesitados, meditando el misterio de la Redención y aportando las propias cualidades al esplendor de la liturgia.

ORACIÓN

Santísima Señora, Madre de Dios,
Vos que sois la más pura de alma y cuerpo,
que vivís más allá de toda pureza,
de toda castidad, de toda virginidad;
la única morada de toda la gracia del Espíritu Santo;
que sobrepasáis incomparablemente
a las potencias espirituales
en pureza, en santidad de alma y de cuerpo,
vedme culpable, manchado en mi alma y cuerpo
por mi vida de pecado;
purificad mi espíritu de sus pasiones;
santificad y encaminad
mis pensamientos errantes y ciegos;
regulad y dirigid mis sentidos;
libradme de la tiranía de las inclinaciones impuras;
anulad en mí el imperio del pecado,
dad la sabiduría y el discernimiento
a mi espíritu en tinieblas,

para que me corrija de mis faltas y de mis caídas,
y así, libre de las tinieblas del pecado,
sea hallado digno de glorificaros;
de cantaros libremente,
verdadera Madre de la verdadera luz,
Cristo Dios nuestro;
pues sólo con Él y por Él
sois bendita y glorificada por toda Criatura,
invisible y visible, ahora y siempre,
y por los siglos de los siglos. Amén.

San Efrén de Siria

DÍA 12
San Juan Diego
(1474-1548)

Señora y Niña mía, no te cause yo aflicción;
de muy buena gana iré a cumplir tu mandato.

San Juan Diego nació en México en el año 1474 y recibió el nombre indígena de Cuauhtlatóhuac, que quiere decir «el que habla como águila». Perteneció a la más numerosa y baja clase del Imperio Azteca, era un «macehualli», o «pobre indio». Él mismo, hablándole a Nuestra Señora de Guadalupe, se describe como «un hombrecillo» o un don nadie. Poseía un terreno en el que construyó una pequeña vivienda. Más adelante, contrajo matrimonio con Malintzin, que murió en 1529 y no tuvieron hijos.

Juan Diego tenía cincuenta y siete años en el momento de las apariciones. Desde ese momento vivió en una pequeña casa pegada a la capilla de la Virgen y dedicó el resto de su vida a difundir el relato de las apariciones. Murió el 30 de mayo de 1548, a la edad de 74 años.

Desde el siglo XVI existen documentos que hablan de Juan Diego como una persona modélica. Uno de ellos, el de Marcos Pacheco, dice: «Era un indio que vivía honesta y recogidamente y que era muy buen cristiano y temeroso de Dios y de su conciencia, de muy buenas costumbres y modo de proceder». Se convirtió al cristianismo en 1525 y se bautizó a la vez que su mujer; desde entonces él se llamó Juan Diego y ella María Lucía.

Era muy reservado, le gustaba el silencio y realizaba frecuentes penitencias. Solía caminar veinte kilómetros cada sábado y domingo para llegar a la iglesia y poder recibir la instrucción religiosa y escuchar la Santa Misa. Caminaba descalzo y, cuando hacía frío, se protegía con una tilma o ayate, tejida con fibras del maguey, el cactus típico de la región.

Los textos que nos han llegado con la narración de las apariciones son los más entrañables de todos los conocidos. Por sí solos revelan la santidad de Juan Diego y el amor que tenía a María. Nos relatan también los encuentros del santo con la Madre:

El sábado 9 de diciembre de 1531, muy de mañana, cuando se dirigía como otros sábados a la iglesia para estar en la Misa de la Virgen, al llegar al cerro llamado Tepeyac, de repente escuchó cantos preciosos, armoniosos y dulces que venían de lo alto del cerro, le pareció que eran coros de distintas aves que se respondían unos a otros en un concierto de extraordinaria belleza, observó una nube blanca y resplandeciente, y que se alcanzaba a distinguir un maravilloso arco iris de diversos colores.

Juan Diego quedó absorto y fuera de sí por el asombro. Estando en este arrobamiento, de pronto, cesó el canto, y oyó una voz de mujer, dulce y delicada, que le llamaba desde lo alto del cerro por su nombre, de manera muy cariñosa: «Juanito, Juan Dieguito». Sin ninguna turbación, el indio decidió ir a donde lo llamaban; alegre y contento, comenzó a subir el cerrillo y cuando llegó a la cumbre se encontró con una bellísima Doncella que allí lo aguardaba de pie y lo llamó para que se acercara.

Cuando llegó frente a Ella se dio cuenta, con gran asombro, de la hermosura de su rostro, su perfecta belleza. Juan Diego se postró y escuchó la voz de la dulce y afable Señora del Cielo que, en idioma mexicano, le dijo: «Escucha, hijo mío el menor, Juanito. ¿A dónde te diriges?». Y él le contestó: «Mi Señora, Reina, Muchachita mía, allá llegaré, a tu casita de México Tlatilolco, a seguir las cosas de Dios que nos dan, que nos enseñan quienes son las imágenes de Nuestro Señor, nuestros sacerdotes».

Ella luego le habló y le descubrió su santa voluntad; le dijo: «Sabe y ten entendido, tú el más pequeño de mis hijos, que yo soy la Siempre Virgen Santa María, Madre del verdadero Dios por quien se vive; del Creador bajo quien está todo; Señor del cielo y de la tierra. Deseo vivamente que se me erija aquí un templo, para en él mostrar y dar todo mi amor, compasión, auxilio y defensa, pues yo soy vuestra piadosa madre, a ti, a todos vosotros juntos los moradores de esta tierra y a los demás amadores míos que me invoquen y en mí confíen; oír allí sus lamentos y remediar todas sus miserias, penas y dolores. Y para realizar lo que mi clemencia pretende, ve al palacio del obispo de México y le dirás cómo yo te envío a manifestarle lo que mucho deseo, que aquí en el llano me edifique un templo; le contarás puntualmente cuanto has visto y admirado, y lo que has oído. Ten por seguro que lo agradeceré bien y lo pagaré, porque te haré feliz y merecerás mucho que yo recompense el trabajo y fatiga con que vas a procurar lo que te encomiendo. Mira que ya has oído mi mandato, hijo mío el más pequeño; anda y pon todo tu esfuerzo».

Al punto se inclinó ante ella y dijo: «Señora mía, ya voy a cumplir tu mandato; por ahora me despido de ti, yo tu humilde siervo».

Juan Diego se entrevistó con el franciscano Juan de Zumárraga, preconizado obispo, y después volvió a dar la respuesta a la Virgen: «Señora, la más pequeña de mis hijas, Niña mía, fui adonde me enviaste a cumplir tu mandato: aunque con dificultad entré adonde es el asiento del prelado, le vi y expuse tu mensaje, así como me advertiste. (...) Comprendí perfectamente en la manera como me respondió, que piensa que es quizá invención mía que tú quieres que aquí te hagan un templo y que acaso no es de orden tuya; por lo cual te ruego encarecidamente, Señora y Niña mía, que a alguno de los principales, conocido, respetado y estimado, le encargues que lleve tu mensaje, para que le crean; porque yo soy un hombrecillo, soy un cordel, soy una escalerilla de tablas, soy cola, soy hoja, soy gente menuda, y tú, Niña mía, la más pequeña de mis hijas, Señora, me envías a un lugar por donde no ando y donde no paro. Perdóname que te cause gran pesadumbre y caiga en tu enojo, Señora y Dueña mía».

Le respondió la Santísima Virgen: «Oye, hijo mío el más pequeño, ten entendido que son muchos mis servidores y mensajeros, a quienes puedo encargar que lleven mi mensaje y hagan mi voluntad; pero es de todo punto preciso que tú mismo solicites y ayudes y que con tu mediación se cumpla mi voluntad. Mucho te ruego, hijo mío el más pequeño, y con rigor te mando, que otra vez vayas mañana a ver al obispo. Dale parte en mi nombre y hazle saber por entero mi voluntad: que tiene que poner por obra el templo que le pido. Y otra vez dile que yo en persona, la Siempre Virgen Santa María, Madre de Dios, te envía».

Respondió Juan Diego: «Señora y Niña mía, no te cause yo aflicción; de muy buena gana iré a cumplir tu mandato; de ninguna manera dejaré de hacerlo ni tengo por penoso el camino. Iré a hacer tu voluntad; pero acaso no seré oído con agrado; o si fuere oído, quizá no se me creerá. Mañana en la tarde, cuando se ponga el sol, vendré a dar razón de tu mensaje con lo que responda el prelado. Ya de ti me despido, Hija mía la más pequeña, mi Niña y Señora. Descansa entre tanto».

Nueva entrevista de Juan Diego con el obispo y nuevo encuentro con la Virgen el 12 de diciembre, que le hace llevar la señal. El texto lo describe así:

«Llegado a la casa, desenvolvió luego su blanca tilma, pues tenía en su regazo las flores; y así que se esparcieron por el suelo todas las diferentes rosas de Castilla, se dibujó en ella y apareció de repente la preciosa imagen de la Siempre Virgen Santa María, Madre de Dios, de la manera que está y se guarda hoy en su templo del Tepeyac, que se nombra Guadalupe».

Desde entonces, allí y o en cualquier parte que se la invoque, la Virgen de Guadalupe sigue derramando innumerables gracias a los devotos que se las solicitan.

INVITACIÓN

Desde la sencillez y la espontaneidad hablemos con María y seamos sus mensajeros para cuanto nos pida.

ORACIÓN

Juan Diego, gracias por el mensaje evangelizador
que con humildad nos has entregado.
Gracias a ti sabemos que
la Virgen Santísima de Guadalupe
es la Madre del verdadero Dios
y es la portadora de Jesucristo que nos da su Espíritu.
Gracias a ti sabemos que Santa María de Guadalupe
es también nuestra Madre amorosa y compasiva,
que escucha nuestro llanto

y remedia y cura nuestras penas.
Gracias al obediente cumplimiento de tu misión
sabemos que Santa María de Guadalupe
nos ha colocado en su corazón,
que estamos bajo su sombra y resguardo,
que es la fuente de nuestra alegría,
que estamos en el hueco de su manto, entre sus brazos.
Gracias Juan Diego por este mensaje que nos fortifica
en la Paz, en la Unidad y en el Amor.

DÍA 13
San Ignacio de Loyola
(1491-1556)

María prende en él la llama
que le encendió de amor a Cristo
y que él manifiesta en la búsqueda de la perfección
y en la santificación de los demás.

Ignacio vino al mundo en 1491. Fue el menor de trece hermanos de la noble familia Loyola, de Azpeitia (Guipúzcoa). Su madre murió al poco tiempo de haber nacido él y su padre lo confió, a los siete años, al Condestable Mayor del Reino de Castilla. Recibió así una educación cortesana como uno más de los diez hijos de su tutor, empleados como pajes y damas de honor en los palacios reales.

Siguió la carrera militar y él mismo sintetiza su vida de juventud diciendo que fue muy laxo en moral, en cosa de juegos y de mujeres, aunque ferviente en la fe. Era vanidoso, desgarrado y soñador.

Tiene treinta años y lo vemos luchando al servicio del Duque de Nájera, Virrey de Navarra, en la defensa de Pamplona contra los franceses. Cae gravemente herido en las piernas por un cañonazo y, tras varias operaciones, ha de pasar por una larga y dolorosa convalecencia. En casa no pudo encontrar sus lecturas favoritas, de caballerías y lances amorosos; su hermana solo tenía a mano *La vida de Cristo* y el *Año Cristiano*, un libro con la historia del santo de cada día.

Y le sucedió algo muy especial. Antes, mientras leía novelas, en el momento sentía satisfacción pero después quedaba con un sentimiento de vacío. En cambio ahora, al leer estos libros religiosos, notaba una alegría inmensa que perduraba. Y mientras leía las historias de los grandes santos, pensaba: ¿Y por qué no tratar de imitarlos? Si ellos pudieron llegar a ese grado de espiritualidad, ¿por qué no lo voy a lograr yo? ¿Por qué no tratar de ser como san Francisco, santo Domingo...? Estos hombres estaban hechos del mismo barro que yo. ¿Por qué no esforzarme por llegar al grado que ellos alcanzaron?

Mientras se proponía seriamente convertirse, una noche se le apareció la Virgen María con su Hijo. La visión le consoló inmensamente y desde entonces se propuso no servir ya a los gobernantes de este mundo, sino al Rey del cielo. Físicamente quedó cojo para toda la vida de aquella herida de guerra, pero espiritualmente salió en perfecto estado de salud. Apenas pudo andar, visitó el Santuario de Aránzazu pasando una noche en oración ante la Virgen, y después se fue en peregrinación al de Montserrat.

La noche del 24 de marzo de 1522, víspera de la Anunciación a la Virgen y de la Encarnación del Hijo de Dios, Ignacio determina armarse caballero en la milicia de Jesucristo. Pasa la noche mirando a María. Se despoja de las ricas vestiduras que trae y cuelga la espada y el puñal en su altar. Vestido de saco, ceñido con cuerda de esparto, toma el báculo de peregrino y entra en el camarín de Nuestra Señora. Allí permanece en pie. Inclina la cabeza y junta las manos sobre el pecho. Se consagra a la Virgen Santísima con voto de castidad perpetua y hace confesión general de toda su vida pasada.

Después se retira a Manresa, entonces un pequeño pueblo, a hacer oración, ayuno y penitencia durante un año. Allí escribió también el primer borrador de su obra más influyente, los *Ejercicios Espirituales*.

Más tarde peregrina a Jerusalén, pidiendo limosna por el camino. Todavía es muy impulsivo y se encoleriza con quien habla mal de la religión. Por eso le aconsejan que no se quede en Tierra Santa donde hay muchos enemigos del catolicismo. Después fue adquiriendo gran bondad y paciencia.

A los treinta y tres años empezó a estudiar en Barcelona. Sus compañeros eran mucho más jóvenes y se burlaban de él, lo cual aceptaba el santo como penitencia. Después pasó a la Universidad de Alcalá. Vestía pobremente y vivía de limosna. Enseñaba catecismo a los niños, hacía reuniones con gente sencilla para tratar temas de espiritualidad y convertía pecadores hablándoles amablemente de la importancia de salvar el alma.

Su última etapa de estudiante fue en la Universidad La Sorbona, en París, donde el día de la Asunción de María, 15 de agosto de 1534, fundó la Compañía de Jesús con otros seis compañeros. El grupo se presentó en Roma para ponerse a disposición del Sumo Pontífice para que él los emplease en lo que mejor le pareciera para la gloria de Dios. Pablo III los acogió, les dio permiso para ser ordenados sacerdotes y aprobó oficialmente la Compañía de Jesús en 1540. Ignacio esperó un año desde el día de su ordenación hasta el de la celebración de su primera misa, para prepararse lo mejor posible a celebrarla con todo fervor.

San Ignacio se dedicó en Roma, donde permanecería para siempre, a predicar Ejercicios Espirituales y a catequizar al pueblo; será llamado el gran apóstol de la Ciudad Eterna junto con san Felipe Neri. Sus compañeros se ocuparon en dar clases en universidades y colegios y charlas espirituales a toda clase de personas. El oficio de todos fue enseñar la religión a la gente.

Era tanto el deseo que tenía Ignacio de salvar almas, que exclamaba: *Estaría dispuesto a perder todo lo que tengo, y hasta que se acabara mi comunidad, con tal de salvar el alma de un pecador.* Fundó casas de la Compañía en España y Portugal. Envió a Francisco Javier a evangelizar Asia, y a veintidós más a Inglaterra, donde murieron martirizados por los protestantes. Sus dos grandes amigos, Laínez y

Salmerón, fueron famosos sabios que dirigieron el Concilio de Trento. A san Pedro Canisio le destinó a Alemania donde se convirtió en el más célebre catequista.

El colegio que Ignacio funda en Roma, hoy la Universidad Gregoriana, se convierte pronto en modelo para otros muchos en el mundo. Los jesuitas llegaron a ser los más sabios adversarios de los protestantes. El santo les recomendaba que tuvieran mansedumbre y gran respeto al adversario; también quería que el apóstol cristiano estuviese bien instruido.

San Ignacio, en los quince años que estuvo al frente de la Compañía de Jesús, la extendió por el mundo, y llegó a reunir mil socios, desarrolló una actividad inabarcable; además de todas las fundaciones y trabajos de evangelización directa, dejó escritas más de seis mil cartas y varios libros. No gozó de buena salud, pero murió casi de forma inesperada el 31 de julio de 1556, a la edad de 65 años.

San Ignacio tuvo una gran devoción a la Virgen María, especialmente en dos de sus advocaciones: Nuestra Señora de Montserrat y Nuestra Señora de la Guía, venerada en Manresa. Ella fue quien le impulsó a la conversión y a la consagración religiosa, Ella lo forjó.

La presencia de María en su vida le hizo sentir, según sus propias palabras, asco de su vida pasada y especialmente de las obras de la carne. La Virgen le hace estremecer de amor y le virginiza. María le prepara durante años para su maravillosa misión de conquistar almas, le ayuda a abrirse totalmente a Dios y a estar disponible para todo cuanto le pida. María enamora su alma y dicta su espiritualidad en la cueva de Manresa, llena definitivamente su vida vacía y la desborda de fecundidad; prende en él la llama que le encendió de amor a Cristo y que él manifiesta en la búsqueda de la perfección y en la santificación de los demás.

INVITACIÓN

María siempre nos lleva a Jesucristo. Como san Ignacio, hagamos todo a la mayor gloria de Dios.

ORACIÓN

¡Oh Virgen naciente, esperanza y aurora
de la salvación para todo el mundo!,
vuelve benigna tu mirada maternal
hacia todos nosotros.
¡Oh Virgen fiel, que fuiste siempre solícita
y dispuesta a recibir,
conservar y meditar la Palabra de Dios!,
haz que también nosotros,
en medio de las vicisitudes de la historia,
sepamos mantener siempre intacta
nuestra fe cristiana.
¡Oh Virgen poderosa, haz que cumplamos,
día tras día, nuestras promesas bautismales,
y sepamos dar al mundo
gozoso testimonio de esperanza cristiana.
¡Oh Virgen clemente, que siempre has abierto
tu corazón maternal

a las invocaciones de la humanidad,
a veces lacerada por el desamor
y hasta, desgraciadamente, por el odio y la guerra!
Enséñanos a crecer, todos juntos,
según las enseñanzas de tu Hijo,
en la unidad y en la paz,
para ser dignos hijos del único Padre celestial.
Amén.

San Juan Pablo II

DÍA 14

San Maximiliano María Kolbe

(1894-1941)

Ayúdame a alabarte, oh Virgen Santa,
y dame fuerza contra tus enemigos.

Su nombre de pila era Ramón y nació, en una localidad próxima a la ciudad polaca de Lodz, el 8 de enero de 1894. Sus padres, que soñaron consagrarse a Dios en su juventud, forman ahora un hogar cristiano con tres hijos varones, con los que acuden cada año al Santuario mariano de Czestochowa. Se mantienen con la venta de ropas que ellos mismos confeccionan en su pequeño taller.

Años más tarde, María, la madre, evocaría la austeridad del hogar: «No teníamos gran bienestar, ni queríamos llegar a ser ricos. Los dos, mi marido Julio y yo, estábamos convencidos de que la riqueza es un gran obstáculo para la perfección, e incluso para la salvación. Dios nos protegió de tales asechanzas».

De pequeño, Ramón encanta a todos por su sencillez y candor, cuando hace una travesura se adelanta para recibir el castigo merecido, pero enseguida vuelve a las andadas. Es impetuoso, terco y muy amante de la libertad. A veces colma la paciencia materna y se gana un castigo más severo. En una de esas ocasiones, el niño, de ocho años, se esconde detrás de un armario situado al lado de un altarcito de la Virgen que hay en casa; al cabo de un rato, sale con los ojos humedecidos, su madre quiere saber qué ha pasado.

«*Mamá* –responde el niño– *cuando me reprendiste recé mucho a la Virgen para que me dijese qué sería de mí... Se me apareció y llevaba en sus manos dos coronas, una blanca y otra roja. Me miraba con cariño y me preguntaba si las quería las dos. La blanca significaba que sería puro y la roja que iba a ser mártir. Respondí que las aceptaba... y Ella me miró con dulzura y desapareció*».

El niño guardó el secreto con su madre. La Virgen María desde entonces se convirtió en el centro de su vida y el mundo le conocerá años más tarde como «el loco de la Inmaculada».

Tras una infancia feliz, llega Ramón a los trece años y no sabe aún cómo orientarse al futuro. Un día de la primavera de 1907, los franciscanos predican una misión en el pueblo. Uno habla de un colegio recién inaugurado en Lwow. Ramón y su hermano Francisco se apuntan rápidamente con el consentimiento de sus padres. Durante tres años Ramón estudia con gran aprovechamiento y demuestra poseer una inteligencia muy despierta para las humanidades, las matemáticas y la inventiva. En los paseos se entretiene haciendo cálculos ingeniosos y contando a sus compañeros cómo fabricaría una nave para ir a la Luna.

A los quince años decide hacerse franciscano, aunque piensa también que podría ser militar para liberar a Polonia de la triple anexión a que estaba sometida por parte de Rusia, Austria y Prusia. En la duda, opta por lo segundo, pero el día en que se decide a comunicárselo al superior, se presenta en el colegio su madre para anunciarle que su hermano pequeño también ha decidido hacerse franciscano, y que su padre y ella misma también se irán a otros conventos para ser religiosos. Así toda la familia sería de Dios.

Ramón ve en estos hechos la mano de la Inmaculada y entiende que la vida religiosa ha de ser su compromiso y combate por la Virgen. Libre ya de dudas y angustias, en 1910 viste el hábito franciscano y cambia su nombre por el de Maximiliano María. Es nombre de reyes que el joven polaco desea ennoblecer aún más mirando a la Virgen.

Terminado el noviciado, el provincial le destina a Roma a estudiar Filosofía. Obtiene el doctorado en 1915, a los veintiún años de edad. Continúa Maximiliano con los estudios de Teología, pero su salud se resiente por la tuberculosis, un mal que arrastraría el resto de su vida y que le impediría más tarde ser profesor.

En esos años las noticias hablan de la Medalla Milagrosa y de las apariciones de la Virgen en Fátima. Maximiliano ve por las calles de Roma manifestaciones masónicas en las que se injuria a la Virgen y se decide a poner en pie su particular ejército para defender a la Virgen: será la Milicia de la Inmaculada, que funda con otros siete compañeros. Escribe cómo lo hicieron:

Con licencia del Padre Rector nos juntamos en secreto en una celda interior cerrada con llave, ante la estatuilla de la Inmaculada, con dos velas encendidas... Redacté un ideario de la Milicia de la Inmaculada y se lo remití al Padre General. Dio su bendición y expresó el deseo de que se propagase entre nuestros jóvenes. Desde aquel momento los nuevos adheridos se multiplicaron.

Concluidos los estudios, Maximiliano es ordenado sacerdote y celebra su primera Misa ante el altar de la Milagrosa. Regresa a Polonia con dos doctorados y la mochila llena de medallas de la Virgen. La Milicia será el ideario de su vida sacerdotal.

En 1922 publica el primer número del periódico *El Caballero de la Inmaculada*, órgano oficial de la Milicia. Pronto se hace con imprenta propia y consigue gratis unos terrenos donde construye un complejo editorial impresionante llamado «Ciudad de la Inmaculada». Desde allí saldrán a la luz millones de páginas en forma de libros, folletos, calendarios y periódicos. El más popular es *El Pequeño Diario*. Esta realidad la lleva él mismo también a Japón y crea en Nagasaki en 1931 el «Jardín de la Inmaculada».

Pero su fundación no es solo una empresa editorial para conquistar almas para la Inmaculada, es también casa de formación para las abundantes vocaciones que surgen en un tiempo de inmensa escasez. En 1939, cuando estalla la Segunda Guerra Mundial, la Ciudad cuenta con 772 religiosos profesos y 150 que esperan serlo pronto. Es el convento más populoso del mundo.

La primera envestida de los nazis contra Maximiliano tiene lugar el 19 de septiembre de 1939. Es detenido con otros compañeros y deportado a Alemania. Regresa al cabo de tres meses, le dejan trabajar de nuevo, aunque estrechamente vigilado. En enero de 1941 lo detienen de nuevo por enfrentarse al nazismo con un editorial del periódico titulado «Nadie puede cambiar la verdad».

Ahora es enviado al campo de concentración de Auschwitz, situado a cuarenta kilómetros de Cracovia. Es el prisionero 16.670 del pabellón 14. Un día alguien se fuga y como represalia eligen a diez hombres que morirán en lugar del evadido. Entre los escogidos uno protesta su desgracia gritando que es padre de familia y que sus hijos le necesitan. Entonces, Maximiliano se ofrece a ocupar su lugar y es confinado con el resto a morir de hambre en un búnker. Uno tras otro van agonizando. Al cabo de quince días, solo queda con un hilo de vida Maximiliano, le rematan el 14 de agosto de 1941 con una inyección letal y su cuerpo es incinerado. Había recibido de su amada Virgen la corona roja del martirio.

Como dijo san Pablo VI el día de su beatificación ante miles de fieles, entre los que estaba el hombre al que sustituyó en la muerte, «quiera Dios que también nosotros seamos capaces de sacrificarnos como Cristo y Maximiliano por el bien de los demás».

INVITACIÓN

Dios nos invita a ponernos en lugar de los otros, aunque no sea de forma heroica. Es el camino para la comprensión, el diálogo y el amor verdadero.

ORACIÓN

Oh Inmaculada, reina del cielo y de la tierra,
refugio de los pecadores y Madre nuestra amorosísima,
a quien Dios confió la economía de la misericordia.
Yo, pecador indigno, me postro ante ti,
suplicando que aceptes todo mi ser
como cosa y posesión tuya.
A ti, Oh Madre, ofrezco todas las dificultades
de mi alma y mi cuerpo,
toda la vida, muerte y eternidad.
Dispón también, si lo deseas, de todo mi ser,
sin ninguna reserva,
para cumplir lo que de ti ha sido dicho:
«Ella te aplastará la cabeza», y también:
«Tú has derrotado todas las herejías en el mundo».
Haz que en tus manos purísimas y misericordiosas
me convierta en instrumento útil
para introducir y aumentar tu gloria
en tantas almas tibias e indiferentes, y de este modo,
aumente en cuanto sea posible el bienaventurado
Reino del Sagrado Corazón de Jesús.

Donde tú entras, oh Inmaculada, obtienes la gracia
de la conversión y la santificación, ya que toda gracia
que fluye del Corazón de Jesús para nosotros,
nos llega a través de tus manos.

Ayúdame a alabarte, oh Virgen Santa,
y dame fuerza contra tus enemigos.

Maximiliano María Kolbe

DÍA 15
San Alberto Magno
(1206-1280)

La Virgen María, Estrella del Mar,
atrae a los pecadores,
ilumina a los penitentes, dirige a los inocentes;
salva de caer en el pecado, esclarece en la justicia,
dirige hacia la gloria.

La historia le llama «Magno» por sus méritos, por su espíritu, porque fue grande en muchas cosas, entre otras la capacidad de observación. Por ella llegó a saber muchas cosas que en su tiempo se ignoraban. Conoció las propiedades de los cuerpos y las fuerzas de la naturaleza, fue físico, químico, geógrafo, astrónomo, naturalista, filósofo y teólogo. Era un hombre abierto a lo universal.

Dicen sus coetáneos que «era de buena talla y bien dotado de formas físicas. Poseía un cuerpo formado con bellas proporciones y perfectamente moldeado para todas las fatigas del servicio de Dios».

San Alberto nació en 1206, en la ciudad alemana de Lauingen, a orillas del Danubio. Su familia era militar, noble, con una larga historia al servicio del emperador y un castillo a dos millas de la ciudad. En él pasó el santo los primeros años de su infancia. Luego, en la escuela de la catedral, empezó a estudiar letras y se afianzó su formación religiosa.

Parece ser que en esta época le costaban los estudios y una noche se dispuso a huir del colegio. Pero al tratar de escapar por una escalera colgada de una pared, cuando llegó a la parte de arriba se encontró con la Virgen María que le dijo: *Alberto, ¿por qué en vez de huir del colegio, no me rezas a mí que soy «Causa de Sabiduría»? Si me tienes fe y confianza, yo te daré una memoria prodigiosa. Y para que sepas que fui yo quien te la concedí, cuando te vayas a morir, olvidarás todo lo que sabías.*

Como no le atraía la milicia, siguió estudios en la universidad de Padua. Allí conoció al dominico Jordán de Sajonia, quien le orientará para que profese en la Orden. Lo hizo, contra la voluntad airada de su padre y sin por ello abandonar la universidad. Dicen sus maestros que Alberto era humilde, puro, afable, estudioso y muy entregado a Dios. Sus compañeros y profesores le llamaban *El Filósofo* por su facilidad para adquirir nuevos conocimientos.

Terminados los estudios, comenzó su carrera de profesor y escritor, tareas que desempeñó toda su vida, salvo dos paréntesis para ser provincial durante varios años y obispo durante poco menos de dos, pues enseguida pidió ser relevado del cargo.

Lo suyo era la ciencia. Estudió las propiedades de los minerales y de las hierbas, montando en su convento lo que hoy llamaríamos un laboratorio de química. Estudió también las costumbres de los animales y las leyes de la naturaleza y del universo. Movilizó un equipo de ayudantes, hizo con ellos excursiones audaces y peligrosas a lugares difíciles, viajó mucho para observar y aprender. Además de naturalista, era teólogo; y nada tenía interés para él si no terminaba en Dios.

Nunca se le subió la ciencia a la cabeza, se mantuvo humilde y repetía en la oración: *Señor Jesús, pedimos tu ayuda para no dejarnos seducir de las vanas palabras tentadoras sobre la nobleza de la familia, sobre el prestigio de la Orden, sobre lo que la ciencia tiene de atractivo.* Asistió en París a un capítulo general de la Orden donde se prohibió a los dominicos que aceptasen en las universidades el título de «maestro» o «doctor» o cualquier otro tratamiento que no fuera el de su propio nombre.

Como maestro enseñó en Colonia, París, Friburgo y otras universidades importantes, fue el descubridor del talento de su alumno santo Tomás de Aquino, a quien formó y dio las pautas de su trabajo posterior poniéndole en la pista de Aristóteles y enseñarle el llamado método escolástico. El alumno murió antes y Alberto acudió, ya anciano, a París para defenderlo de las acusaciones que hacían a su doctrina.

Murió apaciblemente en Colonia el 15 de noviembre de 1280, a los 74 años, después de pasar unos meses completamente obnubilado y como si se le hubiese borrado de la mente cuanto sabía. Lo que le había anunciado la Virgen se cumplió. Dejaba tras de sí una vida dedicada brillantemente a la enseñanza y como escritor había publicado treinta y ocho volúmenes de vasta temática: teología, filosofía, geografía, química, astronomía, etc. Fue auténticamente una enciclopedia viviente.

San Alberto fue un gran científico, pero ante todo era un hombre de Dios, observante y mortificado. Pasaba muchas noches en oración y descubría a Dios en el encanto de la creación. Era también un místico mariano, con una sencilla y sólida devoción a la Virgen, ingenuo y profundo a la vez. Uno de los textos del santo sobre la Virgen María, es este en el que comenta por qué es llamada Estrella del Mar. Escribió así:

Indagaremos primeramente si este nombre le corresponde en sentido propio o figurado. Concluiremos afirmando que el término lo utilizaremos en sentido propio. La naturaleza propia de las cosas espirituales es ser luz; en consecuencia, en sentido propio puede asemejarse a la de las estrellas por su brillo. De allí que la bienaventurada Virgen se denomine Estrella del Mar.

Esta estrella es la más alta y la última de la Osa Menor: nada conviene mejor a la que ocupa la más alta dignidad y es la última en humildad. Esta estrella atrae al hierro; la Virgen, por su infinita misericordia, atrae hacia el cielo a los pecadores empedernidos.

La estrella guía a los navegantes y Ella conduce al puerto de salvación a todos los náufragos. La estrella se coloca contra el viento norte y Ella está siempre inclinada hacia los pecadores. De lo que precede resulta claro que muchas de las propiedades de esta estrella convienen tan solo a la Virgen, y por eso se la denomina estrella del mar. Hay otras propiedades de esta estrella que se ajustan tan solo a Ella.

¿Cuáles son las propiedades en las que se encuentra esta similitud? Existe la posibilidad de considerar en la estrella su sustancia, su calidad, su posición, su estado, su efecto. Su sustancia es celestial, incorruptible y fuente de luz; y la bienaventurada Virgen tiene su conversación en los cielos, su cuerpo es incorruptible, y es fuente de luz por la generación de su Hijo.

En calidad la estrella es superior, más luminosa y útil; la Virgen es superior en dignidad a todos, más gloriosa en virginidad, más útil en fecundidad. Su posición es suprema en el polo más alto del amor de Dios, en el extremo de nuestra ignominia de la que Ella nos protege y en el último grado de la humildad. El estado de esta estrella es casi sin movimiento, sin inclinación y sin error, y la Virgen no manifestó signos de inconstancia, de caída en el pecado y de error por ignorancia.

El efecto de esta estrella es triple: atrae el hierro, expande luz, dirige a los navegantes. Así la Virgen María atrae a los pecadores, ilumina a los penitentes, dirige a los inocentes. Asimismo, salva de caer en el pecado, esclarece en la justicia, dirige hacia la gloria. También atrae a los iniciados, ilumina a los que progresan dirige a los perfectos y a los perseverantes.

Resulta de esto que el privilegio de la bienaventurada Virgen es ser llamada Estrella del Mar.

INVITACIÓN

Busquemos la verdad de las cosas guiados por la María, la estrella que nos llevará hacia Dios.

ORACIÓN

Eres, María, mujer envuelta en silencio,
y aún así, la Palabra nacida de tu Sí
continúa dando vida a la creación.

Ayúdanos, María, a decir «Sí»,
a ser portadores de la Buena Nueva
a un mundo que espera.

Eres, María, Virgen y Madre,
llena del poder del Espíritu Santo.
Ayúdanos a abrirnos a ese mismo Espíritu de vida.
Ayúdanos, María, a decir «Sí».

Eres, María, regalo de Jesús a nosotros,
Madre de la Iglesia.
Vela por nuestro mundo y nuestras vidas.
Ruega a tu Hijo por nosotros
para que al renovarnos,
podamos renovar nuestro mundo.

Ayúdanos, María, a decir «Sí». Amén.

DÍA 16
Santa Bernadette Soubirous
(1844-1879)

Para cumplir lo que me recomendó
la Santísima Virgen,
ofrezco mis sufrimientos como penitencia
por la conversión de los pecadores.

Lourdes se ha convertido en el santuario mariano más visitado de Europa y el segundo en el mundo, después del de la Virgen de Guadalupe, en México. Infinidad de enfermos han sido curados en Lourdes, pero mayor es el milagro de las continuas conversiones del corazón que allí se realizan.

Todo comenzó con las dieciocho veces que se apareció la Virgen a Bernardette desde el 11 de febrero hasta el 16 de julio de 1844. María le prometió que no la iba a hacer feliz en esta vida, pero sí en la otra. Le dijo que era la Inmaculada Concepción, habló y rezó el rosario con ella, le transmitió varios mensajes y le dijo que venía a salvar a los pecadores. La Iglesia interpreta las apariciones como un regalo de María tras haber sido proclamado el dogma de la Inmaculada cuatro años antes.

Bernardette tenía 35 años cuando murió santamente, mientras las hermanas que la asistían rezaban el rosario. Sus últimas palabras fueron las del Avemaría: *Santa María, Madre de Dios, ruega por mí, pobre pecadora... pecadora...* Fue canonizada el 8 de diciembre de 1933 y la Iglesia celebra su fiesta el día de nacimiento para el cielo, el 16 de abril.

Para este mundo había nacido el 7 de enero de 1844 en el pueblo francés de Lourdes. Era la mayor de varios hermanos. La familia vivía en un sótano húmedo y miserable, su padre tenía por oficio recoger las basuras del hospital.

La pobreza, la mala alimentación y la insalubridad del hogar fueron las causas de que la pequeña creciese con una salud quebradiza. Desde los diez años padeció asma y a causa del cólera, que también tuvo en la infancia, quedó debilitada para siempre.

En 1858 Bernardette tenía catorce años, y el 11 de febrero había ido al campo a recoger leña como tantos otros días. Cuando se acercaba a una gruta de la zona de Massabielle, una ola de viento la sorprendió y vio una nube dorada y a una Señora vestida de blanco, con sus pies descalzos, cubiertos por dos rosas doradas, que parecían apoyarse sobre las ramas de un rosal, en su cintura tenía una ancha cinta azul, sus manos juntas estaban en posición de oración y llevaba un rosario.

Bernardette al principio se asustó, pero comenzó a rezar el rosario que siempre llevaba consigo. Al mismo tiempo que la niña, la Señora pasaba las cuentas del suyo entre sus dedos; al finalizar, la Virgen María retrocedió hacia la gruta y desapareció.

La noticia de las apariciones se divulgó rápidamente por la comarca, y muchos acudían a la gruta creyendo en el suceso; otros se burlaban. En la novena aparición, el 25 de febrero, la Señora mandó a la niña beber y lavarse los pies en el agua de una fuente, señalándole el fondo de la gruta. La niña no la encontró, pero obedeció la solicitud de la Virgen, y escarbó en el suelo, de donde surgió el primer brote del milagroso manantial.

En las apariciones la Virgen exhortó a rogar por los pecadores, manifestó el deseo de que en el lugar fuera erigida una capilla y mandó a Bernardette besar la tierra como acto de penitencia por ella y por otros; el pueblo presente en el lugar también la imitó y hasta el día de hoy esta práctica continúa.

Se construyó el Santuario y en 1874 se le dio el título de Basílica. Las apariciones fueron declaradas auténticas en 1862, y en 1983 Juan Pablo II fue el primer papa que visitó como tal el Santuario.

Lógico sería pensar que después de las apariciones Bernardette hubiese llevado una vida más o menos tranquila, pero las palabras de la Virgen, que le anunciaban sufrimiento, se cumplieron con creces. A las enfermedades que ya padecía desde niña se añadieron otras, además de las humillaciones que le ocasionaron en la vida comunitaria cuando profesó como Hermana de la Caridad de Nevers.

En Bernardette se cumplieron las palabras de san Pablo: *Dios escoge a lo que no vale a los ojos del mundo para confundir a los fuertes* (1Cor 1,27). A los catorce años aquella niña no sabía leer ni escribir, ni había hecho la Primera Comunión porque no lograba aprender el catecismo. Pero tenía unas grandes cualidades: rezaba mucho a la Virgen y jamás mentía; más aún, en su ingenuidad, pensaba que los demás tampoco lo hacían.

Tras las apariciones, su vida no cambió. Bernardette se negó a recibir el dinero que los devotos de la Virgen le ofrecían y tampoco quiso ser el centro de nada. No era hermosa, pero después de haber visto a María, sus ojos tenían un brillo especial que admiraba a todos. Le costaba mucho atender los requerimientos de los curiosos y responder siempre las mismas preguntas.

Cuando tenía veinte años solicitó ingresar en la Comunidad de las Hermanas de la Caridad de Nevers. No le fue fácil conseguirlo debido a su frágil salud, pero al fin la aceptaron. A los cuatro meses estuvo a punto de morir en un ataque de asma. Momentos como aquel se repitieron y ella siempre exclamaba: *Lo que pido a Nuestro Señor no es que me conceda la salud, sino valor y fortaleza para soportar con paciencia mi enfermedad. Para cumplir lo que me recomendó la Santísima Virgen, ofrezco mis sufrimientos como penitencia por la conversión de los pecadores.*

Otro medio para su santificación fue la antipatía de las superioras en los seis primeros años de estancia en la comunidad. Casi todo lo que hacía Bernardette era juzgado negativamente, incluso cuando el dolor en la rodilla la obligaba a cojear, era interpretado como un capricho para que la gente la reconociera de lejos como la hermana que había tenido las apariciones. De tales acontecimientos solo le permitieron hablar cuando llegó al convento, después se le prohibió decir nada más.

Los nueve años restantes de su vida religiosa fueron un martirio de sufrimiento por el asma y la tuberculosis. Deseaba mucho volver a Lourdes, pero desde el día en que fue a visitar la gruta por última vez antes de irse al convento, jamás volvió. Ella repetía: *Ah, quién pudiera ir hasta allá sin ser vista. Cuando se ha visto a la Santísima Virgen, se está dispuesto a cualquier sacrificio con tal de volverla a ver. Tan bella es.*

A los funerales de Bernardette asistió una gran multitud de personas. Su cuerpo permanece incorrupto en el convento de Nevers.

Dos virtudes resaltaban en Bernardette: la piedad y la modestia. La piedad no necesita de la ciencia. Incluso cuando era religiosa, ella misma decía que no sabía cómo orar y, sin embargo, pasaba largas horas en coloquio amigable con Dios y la Virgen, como si hablara con ellos cara a cara. Era la suya una oración honesta e intensa, de corazón. Siguió amando siempre el rosario, era su primer recurso ante cualquier prueba o dificultad.

El amor fue siempre su respuesta ante quienes, con buena o mala voluntad, intentaron confundirla. Siempre permaneció sencilla, humilde y modesta como la Virgen deseaba que fuese.

Solo gozó de la visión de María unos días, pero Dios la siguió visitando con los sufrimientos de la incomprensión, la burla, los dolores físicos del asma crónica, la tuberculosis, el tumor en la rodilla y la osteomielitis (infección ósea). Porque supo ver a Dios en estas pruebas es más dichosa y más santa que por recibir los mensajes divinos directamente de los labios de la Virgen.

INVITACIÓN

Dios necesita mensajeros como santa Bernardette para comunicar su mensaje al mundo. Seamos valientes en ponernos a su disposición pidiendo el auxilio de María.

ORACIÓN

Dóciles a la invitación de tu voz maternal,
oh Virgen Inmaculada de Lourdes,
acudimos a tus pies en este día.
Recibid, oh reina compasiva,
las alabanzas y súplicas
que pueblos y naciones, unidos en la angustia
y la amargura,
elevan confiados a ti.
¡Oh blanca visión del paraíso,
aparta de los espíritus las tinieblas
del error con la luz de la fe!
¡Oh mística rosa, socorre las almas abatidas,
con el celeste perfume de la esperanza!
¡Oh fuente inagotable de aguas saludables,

reanima los corazones endurecidos,
con la ola de la divina caridad!
Haz que nosotros tus hijos,
confortados por ti en las penas,
protegidos en los peligros, apoyados en las luchas,
amemos y sirvamos a tu dulce Jesús,
y merezcamos los goces eternos junto a ti. Amén.

Pío XII

DÍA 17

San Ambrosio

(340-397)

María es el modelo de la virginidad.
Su vida debe ser un ejemplo para todos.

Ambrosio es uno de los grandes Doctores de la Iglesia, su figura, como etimológicamente significa su nombre, es «inmortal».

Nació en Tréveris, probablemente hacia el año 340. Su padre se llamaba también Ambrosio y era entonces prefecto de la Galia. Muerto cuando su hijo era todavía joven, la madre regresó con sus hijos a Roma, donde les procuró educación esmerada. De joven aprendió griego, llegó a ser un buen poeta y orador y se dedicó a la abogacía.

Por su brillante carrera se ganó el favor de los principales de la ciudad y del propio emperador Valentiniano, que le nombró gobernador de las provincias de Liguria y Emilia, cuya capital era Milán.

Llevaba Ambrosio dos años en el cargo, cuando murió el obispo arriano Auxencio. Llegó la hora de nombrar al sucesor y, para evitar males mayores entre arrianos y católicos, se presentó en la asamblea el joven gobernador invitando a unos y a otros a la contención. Terminado el discurso se hizo un silencio sepulcral que rompió la voz de un niño gritando: «¡Ambrosio, obispo!».

Este grito une a los partidos en lucha y el gobernador tuvo que aceptar el cargo después de unos días. De nada sirvió alegar que aún no estaba bautizado y que el concilio de Nicea prohibía las ordenaciones de no bautizados, tampoco prosperaron sus fugas y ocultamientos para evitar lo que se interpretó por todos como la voluntad de Dios, proclamada por la boca de un niño. Se pidieron todas las dispensas, Ambrosio fue bautizado y ordenado sacerdote y obispo en una semana. Tenía alrededor de treinta y cinco años.

Consciente de que ya no pertenecía al mundo, el santo decidió romper todos los lazos que le unían a él. Repartió entre los pobres sus bienes muebles y cedió a la Iglesia todas sus tierras y posesiones; todo lo que conservó fue una renta para su hermana Marcelina, que llegaría a ser también santa. Por otra parte, confió a su hermano san Sátiro la administración temporal de la diócesis para poder consagrarse él exclusivamente al ministerio espiritual y al estudio de la Biblia y de la Teología.

El nuevo obispo estaba convencido de que encarnaba una idea más elevada y trascendental que la del Imperio. En consecuencia, defendió con valentía desde el primer momento los derechos y la libertad de la Iglesia frente a las intromisiones o los abusos de los poderosos. En una ocasión llegó a encerrarse con sus fieles en las iglesias para que no fueran entregadas a los arrianos en cumplimiento de un decreto imperial.

Apenas consagrado obispo, al primero que amonestó por el abuso cometido por unos magistrados imperiales, fue al propio Valentiniano, que encajó bien la corrección y respondió así a su amigo obispo: «Desde hace tiempo estoy acostumbrado a tu libertad de palabra y no por ello dejé de aceptar tu elección. No dejes de seguir aplicando a nuestras faltas los remedios que la ley divina prescribe».

Años más tarde vetó la entrada en la catedral al mismísimo emperador Teodosio diciendo: «Ya has imitado a David en el crimen, imítalo también en la penitencia», y le sometió a ocho meses de penitencia pública por la muerte de siete mil hombres en la represión de una revuelta. En otra ocasión le ordenó bajar del presbiterio porque el hecho de llevar la púrpura imperial no le autorizaba a estar en el lugar de los sacerdotes, sino con los laicos. En ambas ocasiones el Emperador se sometió humildemente al obispo.

Ambrosio luchó por la pureza de la doctrina de la Iglesia y erradicó el arrianismo de Milán. El santo vivía con gran sencillez y trabajaba infatigablemente. Solo cenaba los sábados, domingos y algunos días festivos. No asistía jamás a los banquetes y recibía en su casa con suma frugalidad. Todos los días celebraba la Misa por su pueblo y vivía consagrado enteramente al servicio de su grey; todos los fieles podían hablar con él siempre que lo deseasen, y le amaban y admiraban enormemente.

Murió tan santamente como vivió. Estando en el lecho de muerte, alguien le dijo que rogara a Dios le alargase la vida. El santo repuso: *He vivido de suerte que no me avergonzaría de vivir más tiempo. Pero tampoco tengo miedo de morir, pues mi Amo es bueno.* El día de su muerte, Viernes Santo, 4 de abril de 397, Ambrosio estuvo varias horas acostado con los brazos en cruz, orando constantemente. Recibida la Unción de Enfermos, expiró. Su fiesta se celebra el 7 de diciembre, día de su consagración episcopal.

Ambrosio exalta a María por su virginidad. Y en un tiempo de relajación del cristianismo por el cese de las persecuciones a raíz del Edicto Constantiniano del año 313, se convierte en el apóstol de la virginidad cristiana como signo de pertenencia a Cristo. Escribe cuatro libros para ponderarla y recomendarla a la juventud.

No le faltó oposición. Muchas madres de familia impedían que sus hijas fueran a escuchar al santo, y padres y futuros esposos le acusaban de destruir familias y querer despoblar el Imperio. El santo respondía: *Quisiera que se me citase el caso de un hombre que haya querido casarse y no haya encontrado esposa.* Y aseguraba que donde se tiene en alta estima la virginidad, la población es mayor. Según él, es la guerra y no la virginidad el gran enemigo de la raza humana. Y sostenía que la mujer se realiza plenamente en Cristo, sin necesidad de depender de ningún hombre.

San Ambrosio propone y exalta a María como modelo de vida cristiana en su libro *De Virginibus*, dedicado a su hermana Marcelina, religiosa en Roma, argumentando:

¿Qué más noble que la Madre de Dios? ¿Qué más espléndido que aquella a quien ha elegido el esplendor? ¿Qué más casto que la que ha engendrado el cuerpo sin mancha corporal?

¿Y qué decir de sus otras virtudes? Ella era virgen, no solo de cuerpo, sino también de espíritu. A Ella nunca el pecado ha conseguido alterar su pureza: humilde de corazón, reflexiva en sus resoluciones, prudente, discreta en palabras, ávida de lectura; no ponía su esperanza en las riquezas, sino en la oración de los pobres; aplicada al trabajo, tomaba por juez de su alma no lo humano, sino a Dios; no hirió nunca, afable con todos, llena de respeto por los ancianos, sin envidia con los de su edad, humilde, razonable, amaba la virtud.

¿Cuándo ofendió a sus padres, aunque no fuese más que en su actitud? ¿Cuándo se la vio en desacuerdo con sus parientes? ¿Cuándo rechazó al humilde, se burló del débil, evitó al miserable? Iba únicamente a las reuniones en las que, habiendo ido por caridad, no tuviese que avergonzarse ni sufrir en su modestia. Ninguna dureza en su mirada, ninguna falta de medida en sus palabras, ninguna imprudencia en sus actos; ninguna contrariedad en el gesto, ni insolencia en la voz: su actitud exterior era la imagen misma de su alma, la manifestación de su rectitud.

Aunque Madre del Señor, aspiraba, sin embargo, a aprender los preceptos del Señor; Ella, que había dado a luz a Dios, deseaba, sin embargo, conocer a Dios.

Es el modelo de la virginidad. La vida de María debe ser, en efecto, un ejemplo para todos. Si amamos al autor, apreciamos también la obra; y que todas las que aspiran a sus privilegios imiten su ejemplo. ¡Qué de virtudes resplandecen en una sola Virgen! Asilo de la pureza, estandarte de la fe, modelo de la devoción, doncella en la casa, ayuda del sacerdocio, Madre en el templo.

INVITACIÓN

Defendamos los valores cristianos con valentía y coherencia, atendiendo únicamente a los intereses de Cristo.

ORACIÓN

María, Virgen y Madre Santísima,
he recibido a tu Hijo amadísimo,
que concebiste en tus entrañas,
alimentaste con tu pecho y estrechaste en tus brazos.
Al mismo que te alegraba contemplar
y te llenaba de gozo;
con humildad te lo presento y te lo ofrezco,
para que lo abraces, lo ames con tu corazón
y lo ofrezcas a la Santísima Trinidad
en culto supremo de adoración,
por tu honor y por gloria,
y por mis necesidades y por las de todo el mundo.

Te ruego, Madre, que me alcances
el perdón de mis pecados
y gracia abundante para servirle, de hoy en adelante,
con mayor fidelidad;
y por último, la gracia de perseverancia final,
para que pueda alabarle contigo por los siglos de
los siglos. Amén.

San Ambrosio

DÍA 18

San Germán de Constantinopla
(635-722)

Virgen María, Vos no podéis ser desatendida,
pues Dioscondesciende en todo
y por todo a la voluntad de su verdadera Madre.

Poco sabemos de la vida de san Germán antes de ser obispo, solo que nació en el año 635, siendo Heraclio emperador bizantino, y que su padre, llamado Justiniano, fue un prestigioso patricio al que asesinaron por orden del emperador. Dos documentos antiguos ponderan su afición a las Sagradas Escrituras y a la contemplación, su viveza de ingenio y experiencia en los negocios.

Sí está bien documentado que ya antes del año 711 era obispo, y que le tocó vivir en un momento de asentamiento de la verdadera doctrina católica atacada por la virulencia de las herejías. Germán destaca en este ambiente por su férrea defensa de las imágenes ante el acoso iconoclasta y argumenta que la honra tributada a las imágenes de Cristo, la Virgen y los santos no es idolatría, sino culto dirigido al modelo a través de la representación sensible.

Ya muy anciano, casi centenario, san Germán se dirige incluso al emperador León III el Isáurico y se declara dispuesto a morir en defensa del culto de las imágenes y le dice: *Hermoso es dar la vida por el nombre de Cristo, impreso en su efigie externa.* Tal grandeza de alma, junto con el apoyo del Papa y de san Juan Damasceno, frena al emperador de tomar decisiones demasiado violentas, pero manifiesta su deseo de que Germán se retire de la sede de Constantinopla y nombre sucesor.

El día que deja el cargo episcopal, tras un largo discurso de despedida, el anciano patriarca se despoja de sus vestiduras episcopales y dice: *Si soy como Jonás, que se me arroje al mar; pero haría falta un concilio ecuménico para que yo cambiara mis creencias.* Después se retira a Platanión, finca de la familia cercana a la capital, y allí muere en el año 733.

La doctrina de san Germán, expuesta en sus epístolas dogmáticas, fue refrendada por los concilios. También es reseñable la dimensión literaria y pastoral de sus escritos. Los nueve sermones que llevan su nombre, siete de ellos dedicados a la Virgen, revelan un estilo cuidadoso y en ocasiones original, como el dedicado a la Anunciación de María que lo redacta de forma dialogada.

Ensalza a la Virgen María por su mediación universal. María es la nueva Eva, la Madre de la Vida y de la Luz, que es transportada al paraíso y lo llena con su propia gloria;

contempla la Asunción de María como un tránsito al descanso celeste y a las delicias de Dios.

San Germán de Constantinopla era un entusiasta de María, inculcó su devoción a los cristianos del siglo VIII y sigue entusiasmando a quien lo lee. Con él aprendemos a tratar íntima y profundamente a María, Madre nuestra del Cielo. Y de él aprendemos a tomar fuerzas para resistir valientemente las adversidades que se nos presentan en la vivencia de la fe y en la extensión del Reino de Dios.

San Germán mira a la Virgen y se deshace en elogios contemplando sus misterios y prerrogativas en este bello texto que finaliza pidiendo por los dirigentes de la Iglesia y de las comunidades:

Dios te salve, María; llena de gracia. Más gloriosa que los ángeles, más santa que los Santos; la más venerada de todas las criaturas.

Salve, paloma mensajera que llevas el ramo de olivo y anuncias el puerto salvador. Tus alas plateadas reflejan la luz divina del Espíritu.

Salve, recogido y atrayente jardín de Dios, plantado al Sol y mimado por el Señor; oloroso de lirios y exuberante de rosas siempre tiernas, que nos libran de las tristezas y angustias que nacen de nuestra soledad; jardín donde crece el árbol que vivifica y da la inmortalidad.

Salve, palacio del Rey de Reyes, obra de arquitectura divina, palacio resplandeciente y limpio, bien amueblado, que acoge a cuantos llaman a sus puertas y es espléndido en refrigerios místicos; palacio donde el Verbo enamorado cobró la pobre naturaleza humana y de donde, unida a ella en desposorios, recoge sin parar a los pródigos a fin de mostrarles el camino de retorno a la Casa del Padre.

Salve, montaña frondosa y con sombra donde el Cordero de Dios se robusteció para revestirse un día con nuestros pecados y nuestras flaquezas; montaña de la que, desprendida una piedra y rodando, deshizo los altares de los dioses falsos, y con admiración de todos se convirtió en la piedra angular.

Salve, trono santo de Dios, tesoro escondido, ornamento, propiciatorio de todo el Universo, cielo al alcance de nuestra mano.

Salve, relicario de oro trabajado a mano, donde se guarda el verdadero maná, Cristo Nuestro Señor, pan dulce y tierno.

¡Oh Virgen pura y digna de ser alabada sin cesar, templo dedicado a Dios, tierra virgen, prado sin labrar, vid frondosa, fuente que mana, Virgen... y Madre; tesoro escondido, sagrario de la virtud!

Con tus súplicas y tu poder de madre, tan eficaz ante Dios, Señor, Creador e Hijo tuyo, haz que los pastores comprendan su misión de guías, y dales la paz.

También contempla san Germán a la Virgen como Madre de la Misericordia y exclama:

Nadie ha sido colmado del conocimiento de Dios más que por Vos, oh Santísima; nadie ha sido salvado más que por Vos, oh Madre de Dios; nadie escapa a la servidumbre más que por Vos, que habéis merecido llevar a Dios en vuestras entrañas virginales..., gracias a vuestra autoridad maternal sobre Dios mismo, Vos obtenéis misericordia para los criminales más desesperados. Vos no podéis ser desatendida, pues Dios condesciende en todo y por todo a la voluntad de su verdadera Madre.

Y nos presenta a María como la Madre que está siempre con nosotros y a la que podemos dirigirnos confiadamente:

Es verdad, esta divina Madre ya no está corporalmente con nosotros; pero no está rota toda relación entre Ella y los exiliados de la tierra. Sí, Virgen Santísima, Vos vivís espiritualmente entre nosotros; y la incesante y gran protección con que nos rodeáis es la prueba de esta comunidad de vida.

Todos nosotros seguimos vuestra voz; y todas nuestras voces llegan hasta vuestros oídos. Vos nos conocéis para protegernos, y nosotros, por nuestra parte, os reconocemos en los socorros que nos vienen de vuestra mano.

No, la muerte no ha interrumpido las relaciones entre Vos y vuestros servidores. Aquellos de los que Vos habéis sido la salvación, no los habéis abandonado, pues vuestra alma está siempre viva, y vuestra carne no ha sufrido la corrupción del sepulcro. Vos veláis sobre cada uno de nosotros, oh Madre de Dios; nadie escapa a vuestras miradas compasivas. Nuestros ojos, es cierto, están impedidos de veros, oh Virgen Santísima; pero Vos no dejáis de vivir en medio de nosotros, manifestándoos de diferentes formas a los que juzgáis dignos.

INVITACIÓN

Veneremos las imágenes de Dios, la Virgen y los santos, y seamos nosotros mismos, con nuestra vida, una buena expresión visible de Jesucristo.

ORACIÓN

Oh María completamente casta,
totalmente buena y llena de misericordia, soberana,
consuelo de los cristianos, el más seguro refugio
de los pecadores,
el más ardiente alivio de los afligidos,
no nos dejéis como huérfanos
privados de vuestro socorro.
Si somos abandonados por vos,
¿dónde nos refugiaremos?,
¿qué nos sucedería, oh Santísima Madre de Dios?
Vos sois el espíritu y la vida de los cristianos.
Así como la respiración aporta la prueba
de que nuestro cuerpo
posee todavía su energía viviente,
así vuestro santísimo nombre
incansablemente pronunciado
por la boca de vuestros servidores,
en todo tiempo y lugar y de toda manera,
es más que la prueba,
es la causa de la vida, de la alegría,
del socorro para nosotros.
Protegednos bajo las alas de vuestra bondad.
Sed nuestro socorro por vuestras intervenciones.
Concedednos la vida eterna,
vos que sois la esperanza incomparable
de los cristianos.

San Germán de Constantinopla

DÍA 19
Santa Catalina Labouré
(1806-1876)

María nos invita a amar mucho al mundo
como lo amó Jesús,
y a que construyamos un mundo nuevo.

En el año 1830 Catalina Labouré recibió una serie de apariciones de la Virgen que fueron el punto de partida de la Medalla Milagrosa y de la devoción a María Inmaculada.

Catalina era la octava hija de un matrimonio de campesinos de la comarca francesa de Dijon. La infancia de la pequeña trascurre como la de otros muchos hijos de las familias del campo: ayuda en las faenas de la casa y en el cuidado de los animales de la granja. A pesar de sus muchas obligaciones, los padres de Catalina no descuidaron la educación religiosa de sus hijos.

Cuando Catalina tenía solo nueve años, murió su madre. Le afectó mucho. Entre lágrimas recuerda una oración que su madre le hacía recitar fielmente cada noche. En un impulso de confianza, toma una imagen de la Santísima Virgen, que está en la repisa de la chimenea, y le dice: «¡Ahora Tú serás mi madre!».

Pasan tres años y María Luisa, la hermana mayor, deja el hogar paterno para seguir su vocación religiosa como Hija de la Caridad. Catalina pasará entonces a ocuparse más directamente de Augusto, un hermano que lleva varios años lisiado por causa de un accidente en el campo.

Una noche, Catalina tiene un sueño cuyo recuerdo la persigue durante años. Se ve rezando en la iglesia del pueblo mientras un anciano sacerdote celebra la Misa. En un momento determinado, él la mira y le dice: «Me encontrarás de nuevo un día. Dios tiene un proyecto para ti...».

Continúa Catalina su vida sencilla de trabajo y oración en la casa paterna, hasta que un día comunica a su padre que ella también quisiera seguir los pasos de su hermana mayor e irse con las Hijas de la Caridad. El padre se opone y zanja el tema diciendo categórico que ya ha dado una hija para religiosa y que no piensa dar ninguna más. Catalina vuelve a exponer su idea meses más tarde y el padre se mantiene inflexible; para quitarle la idea de la cabeza la envía a París para que ayude a su hermano Carlos en el restaurante.

Carlos la acoge muy contento, pero muy pronto descubre su sufrimiento y se lo comunica al padre. Esta vez el progenitor dice que no quiere saber nada, y deja hacer a sus hijos. Su hermano Huberto la lleva con él a Chatillon y allí Catalina aprende a leer y escribir en el pensionado que lleva su cuñada, al tiempo que prueba su vocación en contacto directo con las Hijas de la Caridad.

El primer día que visita a las religiosas, se queda sorprendida mirando un cuadro del recibidor. Pregunta quién es y le responden: «¡Es san Vicente de Paúl, nuestro fundador!». Catalina se siente feliz, es el sacerdote que ella había visto en el sueño. Esto la reafirma en el camino que ha de seguir. El padre se deja convencer y termina por aceptar la vocación de su hija.

En 1830 Catalina regresa de nuevo a París, pero esta vez para hacer el noviciado y prepararse a profesar como Hija de San Vicente de Paúl. Su vida transcurre entre el trabajo, la oración y el estudio; nada extraordinario... Hasta que en la noche del 18 de julio, un poco antes de medianoche, Catalina oye la voz de un niño que la invita a levantarse de la cama e ir a la capilla.

Allí espera algo inquieta. Al ver a María, el niño la presentó diciendo: ¡Es la Santísima Virgen! *Entonces* –cuenta Catalina– *me acerqué a ella de un salto, arrodillada en las gradas del altar. Apoyé las manos en sus rodillas. Pasó un rato... el más dulce de mi vida.*

En este primer encuentro María habla prolongadamente con Catalina. Le anuncia que le confiará una misión y que no debe detenerse por las dificultades, sino ir a orar a Jesús en la Eucaristía.

El 27 de noviembre recibe la segunda visita de María. *Vi a la Santísima Virgen* –cuenta la joven novicia– *ofreciendo a Dios el globo terráqueo, que sostenía en las manos.*

De sus dedos salían rayos de luz, símbolo de las gracias que da a todos los que se las piden. Luego, vi formarse un óvalo en torno a la Santísima Virgen, con esta oración: Oh María, sin pecado concebida: ruega por nosotros que recurrimos a ti. El óvalo se dio la vuelta, y vi la letra M, con una cruz encima, y debajo dos corazones: el de Jesús, coronado de espinas; el de María, atravesado por una espada; y me dijo una voz: «Haz que acuñen una medalla según este modelo; quienes la lleven con confianza, recibirán muchas gracias».

En febrero de 1831 Catalina profesa como Hija de la Caridad y es destinada a un asilo de ancianos en la misma ciudad de París. Como es la más joven la encargan de los trabajos más duros: la cocina, atender el corral y la granja. Algo que, por otra parte, ya había hecho durante toda su vida y para lo que demuestra tener buenas cualidades. Nadie sabe ni sabrá nunca de su encuentro con la Virgen, solo confiará el encargo divino a su confesor, el padre Aladel, quien al principio no la cree, pero que se convencerá por la sencilla tenacidad de Catalina y hará las gestiones que ella le indique.

En 1832, con todas las licencias eclesiásticas, se acuñan las primeras medallas. Las Hijas de la Caridad comienzan a distribuirlas y hacen que los enfermos reciten la oración que dejó la Virgen María a Catalina: *Oh María, sin pecado concebida, ruega por nosotros que recurrimos a ti.* La cantidad de curaciones inesperadas y de extraordinarias conversiones asombran a todos. La medalla se llamaba originalmente de la Inmaculada Concepción, pero el pueblo la conoció enseguida como la Medalla Milagrosa.

Entre tanto, nadie sabe del protagonismo de Catalina en este acontecimiento; sigue trabajando silenciosamente en el asilo y orando mucho. Ella misma refiere cómo: *Cuando voy a la capilla, me pongo delante del Buen Dios y le digo: «Señor, heme aquí, dadme lo que queráis». Si me da algo, quedo muy contenta, y se lo agradezco; si no me da nada, se lo agradezco también, porque no merezco más. Luego le digo todo lo que me viene a la mente. Le cuento mis penas y mis gozos, y escucho. Si vosotros le escucháis, os hablará, pues con el Buen Dios hay que decir, y después oír. Habla siempre, si se acude a Él con sencillez.*

Pasan los años y Catalina siente menguar sus fuerzas, su confesor ha muerto y la atormenta un ruego de la Virgen que aún no ha cumplido: hacer una estatua de María con un globo terráqueo en sus manos.

Habla con la superiora, sor Juana Dufés, quien, tras escucharla, le comenta: «Ha sido usted muy favorecida». A lo que responde la santa: *No he sido más que un instrumento. Si me eligió a mí, una ignorante, es para que no se dudara de Ella. Sor Juana, hay que hacer una estatua a María, con el globo de la tierra en sus manos. Como una madre lleva al niño en brazos, María presenta a Dios toda la vida del mundo. Nos invita a amar mucho al mundo como lo amó Jesús, y a que construyamos un mundo nuevo.*

Se hace la imagen y Catalina, al verla, no puede menos de expresar su decepción: *¡La Santísima Virgen es mucho más bella!*

Catalina murió contenta porque iba a reunirse en el cielo con María; expiró con una sonrisa en los labios mientras rezaba con las hermanas el Santo Rosario.

INVITACIÓN

Catalina preguntó a la Virgen en una de sus apariciones por qué algunos rayos luminosos que salen de sus manos quedan cortados y no caen en la tierra. Ella respondió: *Esos rayos representan los muchos favores y gracias que yo quisiera conceder a las personas, pero se quedan sin ser concedidos porque las gentes no los piden. Muchas gracias y ayudas celestiales no se obtienen porque no se piden.*

Intercedamos siempre ante la Virgen María para que derrame sus favores y gracias sobre todo el mundo.

ORACIÓN

¡Oh María sin pecado original concebida,
ruega por nosotros que recurrimos a ti!
Dulcísima Reina de los cielos y de la tierra
que por amor a los hombres te dignaste manifestarte
a tu sierva santa Catalina
con las manos llenas de rayos de luz;
a fin de hacer saber al mundo que deseas derramar
abundantes gracias sobre cuantos confían en ti.

Concédenos, Madre, que a imitación de santa Catalina,
sepamos cumplir siempre
la voluntad de Dios en esta vida
y gozarle eternamente en tu compañía en el cielo.
Amén.

DÍA 20

San Bernardino de Siena

(1380-1444)

Mirad a la Virgen adornada con tres blancuras:
la del alma, la del cuerpo y la de las obras.

San Bernardino fue el más famoso predicador del siglo XV y sus sermones sirvieron de paradigma para muchos oradores de siglos posteriores.

Nació cerca de Siena, en el año 1380, en la familia de los Albizzeschi. Su padre era gobernador. Huérfano de padre y madre desde los siete años, Bernardino fue educado por dos tías que se esmeraron en formarlo lo mejor posible en ciencias religiosas y otras materias.

Era un chico muy simpático y la gente disfrutaba con su compañía. Pero cuando oía a alguien que empleaba un vocabulario grosero y atrevido, le corregía con toda valentía para que abandonara esa mala costumbre. Tampoco transigía contra quienes le incitaban a él o a otros a pecar contra la pureza, llegando en una ocasión a abofetear al provocador.

De joven se afilió a una asociación piadosa llamada «Devotos de Nuestra Señora», dedicada a hacer obras de caridad con los más necesitados. Tuvieron ocasión de practicarla en grado heroico durante la epidemia de tifus desatada en Siena en el año 1400. Cada día morían centenares de personas y nadie, por temor a contagiarse, se atrevía a atender a los enfermos o sepultar a los muertos. Los valientes jóvenes de la asociación, capitaneados por Bernardino, se entregaron generosamente y ninguno se contagió. Sí quedaron muy cansados y debilitados, hasta el punto de que el mismo Bernardino se vio obligado a guardar cama durante meses para recuperarse.

Cuando ya recobró su salud, de vez en cuando salía de paseo y se alejaba de casa. A los curiosos que le preguntaban a dónde se dirigía les respondía: «Voy a ver a mi Dama, es la más bella y noble de todas las hijas de Siena». La gente creía que estaba cortejando a alguna joven, pero un día sus tías le siguieron y vieron que iba a una ermita de la Virgen y allí le rezaba con gran fervor.

Ingresó en los franciscanos y le destinaron a un convento cercano, mas como iban muchos a visitarlo, pidió ser enviado a otro más lejano y más rígido para entregarse de lleno al silencio y a la oración. Profesó el 8 de septiembre de 1402. Una fecha elegida a propósito, pues en ese mismo día, el de la Natividad de la Virgen, había nacido y fue bautizado; y también un 8 de septiembre, el de 1404, sería ordenado sacerdote. María, su Dama, estaba en los momentos más significativos de su vida; por eso en los siglos posteriores le llamaron «el ahijado de María».

Los primeros doce años de sacerdocio los pasó Bernardino retirado, dedicado al estudio y a la oración. Ni la voz ni las cualidades oratorias lo auguraban como un gran predicador. Sin embargo, él deseaba serlo y pidió a Dios y a la Santísima Virgen que lo capacitaran para dedicarse a evangelizar con éxito. Dios le respondió de una forma singular. Durante tres días seguidos, mientras rezaba la comunidad por la mañana, un novicio, sin poder contenerse, interrumpía la oración diciendo: «Hermano Bernardino: no ocultes más las cualidades que Dios te ha dado. Vete a Milán a predicar». Todos consideraron que esto era una manifestación de la voluntad de Dios. Obedeció y fue a predicar la Cuaresma. Los éxitos fueron impresionantes. Y notó que su voz débil se fue haciendo potente y sonora con ayuda de la Virgen.

Los veintiséis años restantes de su vida los dedicó exclusivamente a la predicación, recorriendo pueblos y ciudades. Se levantaba a las cuatro de la mañana y durante horas preparaba cuidadosamente sus sermones. Atraía tanto a la gente, que tenía que predicar al aire libre, en las plazas y otros espacios abiertos, porque los templos se quedaban pequeños. Atacaba con pasión los vicios y las malas costumbres, empujaba al arrepentimiento e invitaba con vehemencia a tener un intenso amor a Jesucristo y a María.

Por todas partes llevaba, e hizo célebre, un estandarte con las letras JHS (Jesús, Hombre, Salvador) y con él invitaba a los oyentes a sentir un gran cariño por el nombre de

Jesús. El anagrama pasó a ser motivo ornamental en muchas casas y objetos de culto.

Predicó también con éxito fuera de Italia. En Polonia animó a las gentes a quemar los naipes y los juegos de azar. Un fabricante se quejó al santo porque arruinaba su negocio y él lo invitó a imprimir estampas de Jesús en vez de naipes; así lo hizo, y las ganancias aumentaron con creces.

No le faltaron, sin embargo, dificultades. Algunos le acusaron de alentar supersticiones, por lo cual fue llamado a Roma. No le encontraron nada reprochable; al contrario, el Papa quiso nombrarlo obispo, pero Bernardino lo rechazó. Sí aceptó en otra ocasión ser superior de su Orden durante cuatro años. A su favor tenía un mérito considerable: haber aportado a la Orden muchísimas vocaciones. Cuando él se hizo franciscano, eran trescientos; al morir había más de cuatro mil, y en sus cuatro años de mandato aumentó de veinte a doscientos los conventos de Observancia.

Siempre fue austero, se desplazaba a pie y solo aceptó tener un borriquillo cuando ya era anciano. Nunca dejó de estudiar y de aprender, dondequiera que había un buen predicador, acudía a escucharlo para mejorar el arte de hablar en público.

En 1444, mientras viajaba por los pueblos predicando, con muy poca salud pero con muchísimo entusiasmo, se sintió muy débil y, al llegar al convento de los franciscanos de Aquila, murió santamente. Era el 20 de mayo. Solo seis años después fue proclamado santo por el papa Nicolás V.

Cristo es el centro de la predicación de Bernardino, y lo presenta como verdad, sabiduría, belleza y amor, sobre todo amor que se da irresistiblemente. Él es el centro del universo, es calor, luz, fecundidad, salvación, felicidad no solo de todo hombre, sino de toda criatura animada o inanimada; es rey de los siglos.

Y junto a Cristo, siempre predica a su Madre. Ella es la Señora por excelencia, la «Madonna». A Ella todo homenaje, a Ella el saludo del Ángelus. *Oh vosotros que sois de Siena –decía en 1427–, cuando en la tarde suena el Ave María haced que desde entonces en adelante os arrodilléis, quitándoos la capucha por amor a Ella, rogándole, por último, que nos conceda aquello de que tenemos necesidad. Y digo que le hagáis esta reverencia tanto si estuvierais fuera de casa como si estuvierais en casa. Y lo digo tanto a vosotras mujeres como a los hombres; haced que este nombre de María lo tengáis en reverencia y devoción... Y para que sepas cómo Ella no es ingrata cuando tú la saludas, aunque no le ruegues, Ella se vuelve hacia ti, recibiendo tus palabras con el mismo afecto que las dices; y si tú le ruegas con reverencia y fe, ¿qué crees que Ella hace? Está la Reina Madre de Dios a su derecha y ruega por ti.*

San Bernardino defendió la Inmaculada Concepción, la Asunción y la Mediación de María; tres privilegios cuya verdad han desarrollado los siglos posteriores. Celebró las virtudes y la belleza de María con fervor de santo y con arte de poeta. Solía repetir: *Mirad a la Virgen adornada con tres blancuras: la del alma, la del cuerpo y la de las obras.* Y sintetizaba su devoción rezando: *Concédeme, oh Madre*

Inmaculada, que dentro de mí no haya más que amor y más amor.

Rezaba y difundía mucho el Avemaría como garantía de perseverancia. Vivía siempre con los nombres de Jesús y de María en los labios y, matiz peculiar suyo, presentaba a María en relación con la Sagrada Familia, con san José, de quien dice: *Hizo verdaderamente de padre de Nuestro Señor Jesucristo y fue verdadero esposo de la Reina del Universo y Señora de los Ángeles. La Iglesia es verdadera deudora de la Virgen Madre de quien recibió a Cristo.*

INVITACIÓN

Saludemos a la Virgen con frecuencia durante el día y pidámosle que dentro de nosotros no haya más que amor y más amor.

ORACIÓN

Señora Santa María, Virgen Santísima,
mi abogada y refugio, tú eres la más amable,
hermosa, amorosa y santa de todas las criaturas.

Eres la predilecta de Dios
y la que más desea verlo amado por todos sus hijos.

Ora por mí, Madre Santísima, ora por mí,
y obtenme la gracia de amarlo siempre
con todo mi corazón.
Eso te pido y espero de ti. Amén.

San Alfonso María de Ligorio

DÍA 21

San Juan Damasceno

(675-749)

María, cuya alma está
completamente sometida a la acción divina
y atenta al único Dios.

Se le llama «Damasceno» porque nació en la ciudad de
Damasco, en una fecha imprecisa antes del año 675. Era
hijo de Sergio Mansur, responsable de la recaudación de
impuestos entre los cristianos.

Juan fue educado por Cosme, un preceptor que había
sido vendido como esclavo y rescatado por Mansur para
que transmitiera sus grandes conocimientos al niño. Le enseña gramática, dialéctica, lógica, álgebra, aritmética, arte,
poética, elocuencia y música. Juan despunta por su inteligencia y deseo de aprender. Después de varios años, Cosme
se presenta ante Mansur y le dice: «He cumplido tu deseo.
El discípulo sabe ya tanto como el maestro. Te pido en

recompensa que me permitas consagrar el resto de mi vida a la oración y al silencio».

El elogio del maestro no era exagerado. Juan habla con autoridad de astronomía y ciencias naturales y su fama resuena más allá de la ciudad de Damasco. Al morir su padre, hereda el cargo y se convierte en el nuevo recaudador de impuestos, oficio impopular, pero los cristianos le aman y los adoradores de Alá le admiran. Eran tiempos en que convivían pacíficamente musulmanes y cristianos bajo el gobierno de los Califas de Oriente.

Pero hacia el año 710 la convivencia se enturbia en Damasco y los cristianos comienzan a ser perseguidos. Juan se tiene que enfrentar al dilema de servir a Cristo o renunciar a su cargo. Y opta por abandonar la cómoda y esplendorosa vida que llevaba. Le repugnan las medias tintas y la política del califa que se ensaña con los cristianos.

Un día del año 726, guiado una vez más por su maestro Cosme, abandona cuanto le sonríe en el mundo, reparte sus bienes a los pobres y se encamina hacia el sur, buscando una vida de silencio y oración. Se queda con los anacoretas de san Sabas en el desierto de Judea, cerca de Jerusalén. Su nombre ahora será Marsaba y vivirá ejemplarmente como monje una ancianidad dichosa y fecunda. Murió a una edad avanzada, en el año 749.

Juan se dedica como anacoreta a desarrollar el don que Dios le había concedido de escribir para la gente sencilla, y especialmente de resumir los escritos de otros autores y presentarlos asimilables para el pueblo; sus compañeros decían que tenía el extraño oficio, no practicado en el monasterio, de escurrir versos y libros.

En esta nueva etapa de su vida es ordenado sacerdote por Juan IV, patriarca de Jerusalén, su discípulo y amigo, que le nombrará predicador oficial de la basílica del Santo Sepulcro. Al mismo tiempo, mantiene estrecha relación con el clero de Damasco y con todos los obispos del Oriente. Los de Siria le consultan para desmontar los argumentos de los herejes, en especial los de los iconoclastas como el emperador León III el Isáurico, que había mandado destruir todas las imágenes cristianas en el Imperio Bizantino.

Aunque hubo mucho servilismo al emperador, fue ejemplar la oposición de san Germán, patriarca de Constantinopla, que se ganó con ello la deposición de su cargo y el destierro. San Juan Damasceno, por su parte, publicó un opúsculo a favor de la veneración de las imágenes y contra la intromisión del emperador en los asuntos de la Iglesia que se hizo muy popular. En él se aprecia su valentía. Escribía:

Tal vez, conociendo mi indignidad, debiera haberme condenado a perpetuo silencio. El grito de amor filial a la Iglesia de Jesucristo se escapa de mi corazón, a pesar mío. La Iglesia es mi madre y se ve ultrajada, calumniada y perseguida. Las palabras salen de mis labios para defenderla, porque temo a Dios más que a los poderes del mundo.

Defendía la veneración de las imágenes religiosas diciendo:

Lo que es un libro para los que saben leer, es una imagen para los que no leen. Lo que se enseña con palabras al oído, lo enseña una imagen a los ojos. Las imágenes son el catecismo de los que no leen, un memorial de las obras divinas.

El santo interviene también en la sentencia de excomunión del emperador que dictan los obispos de Oriente, pero como sigue siendo súbdito del Califa de Damasco, nada puede hacer el emperador cristiano contra él, solo le queda el consuelo de que algunos obispos serviles condenan a Juan. Sí cuenta la tradición que el enojado emperador ordenó que le cortaran la mano derecha a traición. Lo hicieron, pero el santo, que era devotísimo de la Santísima Virgen, se encomendó a Ella con gran fe y obtuvo la gracia de recuperarla y poder continuar con su labor encomiable de escritor.

Fue una persona de vasta cultura, su apasionado amor por Jesucristo y su tierna devoción a la Virgen María le colocan entre los hombres ilustres de la Iglesia, tanto por su virtud como por su ciencia. Es el Doctor de la Iglesia de Oriente más citado por los autores escolásticos y, desde el punto de vista teológico, supo reunir y exponer lo esencial de la tradición patrística, sin carecer de fuerza creadora propia.

Se le considera el Teólogo de la Encarnación. *Hablamos de Jesucristo* –afirma– *no de un hombre deificado, sino de un Dios encarnado*. Teólogo, por tanto, también de la Virgen: cree en su Inmaculada Concepción y Asunción al cielo mucho antes de definirse como dogmas. Homilías e himnos rebosan inspiración y ternura al cantar a María. Siempre tuvo devoción filial a la Virgen, que en el invierno de la vida, como él dice, se hace más tierna y entrañable.

Derrocha lirismo y profundidad hablando de la Madre de Dios. Por ejemplo haciendo el retrato de María:

¡Qué de milagros se reúnen en esta niña y qué de alianzas se hacen en Ella! Hija de la esterilidad, Ella será la virginidad que da a luz. En Ella se consumará la unión de la divinidad con la humanidad, de la impasibilidad con el sufrimiento, de la vida con la muerte, para que todo lo que estaba mal sea vencido por lo bueno.

Oh Hija del rey David y Madre de Dios, Rey Universal. Oh divino y viviente objeto, cuya belleza ha encantado al Dios creador, Vos cuya alma está completamente sometida a la acción divina y atenta al único Dios; todos vuestros deseos tendieron hacia Aquel que es el único que merece que se le busque y que es digno de amor.

Vuestros ojos estarán siempre vueltos hacia el Señor, hacia la luz eterna inaccesible; vuestros oídos atentos a las palabras divinas y a los sones del arpa del Espíritu por quien el Verbo ha venido a asumir vuestra carne... Vuestros labios alabarán al Señor siempre unidos a los labios de Dios. Vuestra boca saboreará las palabras y gozará de su divina suavidad. Vuestro purísimo corazón limpio de toda mancha verá siempre al Dios de toda pureza, y se quemará en deseos por Él. Vuestro seno será la morada del que ningún lugar puede contener. Vuestra leche alimentará a Dios en el pequeño Jesús.

Vos sois la puerta de Dios, deslumbrante de una perpetua virginidad. Vuestras manos llevarán a Dios, y vuestras rodillas serán para Él, un trono más sublime que el de los querubines... Vuestros pies, conducidos por la luz de la ley divina, siguiéndole en un camino sin rodeos, os arrastrarán hasta la posesión del bienamado. Vos sois el templo del Espíritu Santo, la ciudad del Dios vivo que alegrarán los ríos abundantes, los ríos santos de la gracia divina. Vos sois totalmente bella, totalmente próxima a Dios.

INVITACIÓN

Tengamos la valentía de romper con lo que nos impide personalmente la fidelidad total a Jesús y de denunciar aquellos comportamientos indignos de quienes se llaman cristianos.

ORACIÓN

Oh Vos, que sois la hija y la dueña de Joaquín y de Ana,
acoged la oración de vuestro pobre siervo,
que no es más que un pecador y que, sin embargo,
os ama ardientemente y os honra,
y que quiere encontrar en Vos
la única esperanza de su dicha,
la guía de su vida, la reconciliación con vuestro Hijo
y la garantía cierta de su salvación.
Libradme del peso de mis pecados,
disipad las tinieblas que rodean mi espíritu,
desembarazadme de mi espeso barro,

reprimid las tentaciones,
gobernad dichosamente mi vida
a fin de que sea conducido por Vos
a la felicidad celeste,
y conceded la paz al mundo.
A todos los fieles dadles la alegría perfecta
y la salvación eterna,
por las oraciones de vuestros padres
y de toda la Iglesia. Amén.

San Juan Damasceno

DÍA 22

San Gabriel de la Dolorosa
(1838-1862)

Amo tanto a la Virgen María, que es mi Madre,
que grabaría su nombre en mi corazón y en mis carnes
con letras de fuego.

El día 1 de marzo de 1838 nacía en Asís el undécimo de los trece hijos que tendría la familia Possenti. Le bautizaron con el nombre de Francisco, que cambió por el de Gabriel de la Dolorosa al vestir el hábito de religioso pasionista.

Cuando Francisco tenía cuatro años perdió a su madre; su padre, que era un magnífico cristiano, supo suplir a su esposa en la educación cristiana y cívica de sus hijos. Siempre recordará el santo con gran afecto y gratitud la impronta paterna en su vida, sobre todo la ayuda que le proporcionó para superar su carácter propenso a la cólera y a la terquedad.

Francisco cursó sus estudios primero con los Hermanos de las Escuelas Cristianas y después con los jesuitas de Espoleto, a donde se había trasladado su padre con el cargo de gobernador de la ciudad, como ya lo había sido en Asís y otras ciudades.

En algún momento de su primera adolescencia sintió el gusanillo de la vocación religiosa, pero a los dieciséis años, Francisco, hijo del gobernador, pensaba en otras cosas; pues además de rico era guapo, elegante, educado, simpático, deportista, se cuidaba mucho y utilizaba costosos perfumes. Era natural que las amistades no le faltasen y que allí donde él estaba, reinase la alegría y el buen humor. Además, bailaba tan bien que le apodaron «el bailarín».

Sin embargo, cuando parecía que se iba a comer el mundo, cae enfermo. Se ve tan mal, que promete irse a un convento y hacerse religioso si se cura. Pero recuperada la salud, se olvida de lo prometido y sigue con su vida anterior donde la virtud le resultaba poco atractiva.

Vuelve la enfermedad con mayor dolor. Perdida la esperanza en la medicina renueva su promesa y se encomienda a un santo que milagrosamente le cura en pocas horas al contacto con su imagen. Tampoco en esta ocasión cumple Francisco su palabra. Se le hacía demasiado cuesta arriba dejar su independencia y vida cómoda para entrar en la austeridad de la vida religiosa.

El golpe que le convenció para cumplir su palabra fue el que recibió meses después con la muerte por cólera de su hermana más querida. Quedó vivamente impresionado y lo interpretó como un aviso del cielo para él. Se decidió a dejar a su novia y a hablar con su padre sobre su intención de hacerse religioso. Su padre, que era buen cristiano, pero también conocía muy bien a su hijo, le aconsejó que no lo hiciera, pues por su carácter le sería difícil perseverar.

Entendió Francisco que su padre tenía razón y volvió a su vida de siempre, eso sí, con mayor serenidad e incluso con mayor fervor religioso que en etapas anteriores.

El toque definitivo se lo dio la Virgen María cuando él menos lo esperaba, a sus dieciocho años. Un día de las fiestas de la Asunción de 1856 está viendo la procesión de la Virgen por las calles, la imagen es un retrato pintado en un lienzo atribuido a san Lucas y muy venerado en Espoleto. Al pasar la imagen ante él, Francisco levanta la vista y siente que la Virgen tiene los ojos fijos en él, al tiempo que le parece escuchar una voz: *Francisco, el mundo no es para ti. Tienes que entrar en religión.*

Se siente anonadado. Ya no hay que pensárselo más. Lo importante es cumplir la promesa hecha y tantas veces incumplida. Se decide por la austera congregación de los pasionistas apenas un mes después. El 21 de septiembre cambia de hábito y de nombre, será novicio pasionista y se llamará Gabriel de la Dolorosa.

Su vida como religioso será breve pero muy intensa. La adaptación le costó muchísimo, como era de esperar. Acostumbrado a las comidas de su casa, los toscos alimentos del convento le causaban repugnancia, sin embargo él los comía. A veces los formadores, viendo sus sacrificios, le consentían tomar otros alimentos. Pero Gabriel no era amigo de que se hiciesen excepciones con él y se esforzaba en cumplir todo según lo prescrito.

Pasaba largas horas entregado a la oración y a la penitencia, entendiendo, según sus propias palabras, que *la mejor penitencia no es castigar el cuerpo, sino renunciar a la voluntad propia para hacer la divina en la obediencia.* Por otra parte, era el primero en los trabajos manuales y siempre estaba dispuesto a hacer los más humildes. Nadie podía reprocharle la falta más mínima de observancia de la Regla.

Desde un principio se distinguió en su fervoroso e ilimitado amor hacia la Virgen María. Hasta a veces se privaba de ver cosas deleitables y cerraba los ojos *para conservar toda la potencia visiva y así poder contemplar más fielmente a la Virgen María en el cielo.* Solía decir: *Amo tanto a la Virgen María, que es mi Madre, que si los superiores me lo permitieran grabaría su nombre en mi corazón y en mis carnes con letras de fuego.*

Terminado el noviciado, comienza su etapa de estudiante para prepararse al sacerdocio. Por todos los centros que pasa va dejando recuerdo de su ejemplar aplicación; dicen que tenía siempre delante una máxima de un santo de su congregación, san Vicente Strambi: «Cuando tenéis que entregaros al estudio, imaginaos que estáis rodeados de una multitud innumerable de pobres pecadores privados de todo socorro y que os piden vivamente con el beneficio de la instrucción, el camino que conduce a la salvación».

Al joven estudiante de teología le motivaba la labor apostólica que podía realizar desde el sacerdocio. Ya lo tenía muy cerca, en 1861 había recibido las órdenes menores, y en pocos meses podría hacer realidad su sueño.

Sin embargo, los designios de Dios eran otros. Por una parte, los trastornos políticos del reino de Nápoles y, por otra, la quebrada salud de Gabriel, se convirtieron en un obstáculo insalvable. La tuberculosis se apoderó de él y, durante un año, estuvo sometido a cuidados especiales mientras la enfermedad le llevaba hacia la muerte.

Gabriel acepta la enfermedad como una oportunidad de santificación, como una ocasión de vivir totalmente entregado a Dios como víctima. Medita y vive la Pasión de Jesús, típica de la congregación en la que había profesado. Expira a los veinticuatro años, el día 27 de febrero de 1862, exclamando: *Jesús, José y María os doy el corazón y el alma mía*. Antes había dicho: *Madre mía, te amo. Madre, ayúdame. Madre, defiéndeme del enemigo y ampárame a la hora de mi muerte*.

La Virgen estuvo presente siempre en su vida. El amor a María le motivó para escribir poesías escolares, para leer con devoción el libro de *Las glorias de María*, de san Alfonso, para desgranar un cúmulo de expresiones filiales con la pluma y con los labios a lo largo de su vida. El amor a la Madre del cielo fue la palanca que le permitió dar un vuelco a su vida y ascender tan rápido en el camino de la perfección.

Había escrito un día a su padre: *Si María, compasiva aun con quienes no la invocan, no me hubiera tendido su mano amorosa aquel 22 de agosto, ¡en qué abismos me habría despeñado!*

INVITACIÓN

Estemos atentos a los signos que Dios nos envía cada día, a las miradas de María para que ajustemos nuestras vidas al Evangelio.

ORACIÓN

AVEMARÍA DOLOROSA

Dios te salve, María, llena eres de dolores;
Jesús crucificado está contigo;
digna eres de ser llorada
y compadecida entre todas las mujeres,
y digno es de ser llorado y compadecido Jesús,
fruto bendito de tu vientre.

Santa María, Madre del Crucificado,
da lágrimas a nosotros,
crucificadores de tu Hijo,
ahora y en la hora de nuestra muerte. Amén.

DÍA 23
Santa Brígida de Suecia
(1303-1373)

*Nadie mejor que María pudo decir y vivir
las palabras programáticas de la mística sueca:
Mi amor está crucificado.*

Santa Brígida es la Patrona de Suecia y una de las de Europa. Nació en 1303 y murió el 23 de julio de 1373. Era hija de un rico terrateniente que además era el gobernador de Uplandia, la principal provincia de Suecia, y quedó huérfana de madre a los doce años. Fue muy buena desde niña, aunque ella aseguraba que había sido inclinada al orgullo y la presunción. Lo que sí adquirió desde pequeña y mantuvo toda la vida, fue una fuerza de voluntad inquebrantable.

A los siete años tuvo una visión de la Virgen María y a los diez, a raíz de un sermón sobre la Pasión de Cristo que la impresionó mucho, soñó que veía al Señor clavado en la cruz y oyó estas palabras: «Mira en qué estado estoy, hija mía». «¿Quién os ha hecho eso, Señor?» –preguntó la niña. Y Cristo respondió: «Los que me desprecian y se burlan de mi amor». Esa visión dejó una huella imborrable en Brígida y, desde entonces, la Pasión del Señor se convirtió en el centro de su vida espiritual.

Antes de cumplir catorce años, la joven contrajo matrimonio con Ulf Gudmarsson, cuatro años mayor que ella. Dios les concedió veintiocho años de felicidad matrimonial, tuvieron cuatro hijos y cuatro hijas, una de las cuales es venerada con el nombre de santa Catalina de Suecia.

Hacia el año 1335, la santa fue llamada a la corte para ser la principal dama de honor de la reina Blanca de Namur. Pronto comprendió Brígida que sus responsabilidades en la corte no se limitaban al estricto cumplimiento de su oficio. Magno, el rey, era un hombre débil que se dejaba fácilmente arrastrar al vicio; Blanca tenía buena voluntad, pero era irreflexiva y amante del lujo. La santa hizo cuanto pudo por cultivar las cualidades de la reina y por rodear a ambos soberanos de buenas influencias. Pero, aunque santa Brígida se ganó el cariño de los reyes, no consiguió mejorar su conducta, pues no la tomaban en serio.

La santa empezó a tener por entonces las visiones que habían de hacerla famosa, si bien no impresionaban a los cortesanos suecos, quienes solían preguntar con ironía: «¿Qué soñó Doña Brígida anoche?». Por estos desaires y algunos problemas familiares, pidió permiso para ausentarse de la corte y se fue con su esposo en peregrinación a Santiago de Compostela. Al regreso, él cayó gravemente enfermo, pero las oraciones de Brígida lograron salvarle de lo que parecía una muerte inminente. A raíz de la curación de Ulf, ambos esposos prometieron consagrarse a Dios en la vida religiosa.

Según parece, Ulf murió en 1344 en el monasterio cisterciense de Alvastra, antes de poner por obra su propósito. Santa Brígida se quedó allí cuatro años, apartada del mundo y dedicada a la penitencia. Desde entonces abandonó los vestidos lujosos y vestía una burda túnica, ceñida con una cuerda.

Las visiones y revelaciones se hicieron tan insistentes que la santa se alarmó. Temiendo ser víctima de ilusiones del demonio o de su propia imaginación, consultó a las autoridades eclesiásticas, pero no encontraron nada reprochable.

Brígida fundó la Orden de San Salvador, con la finalidad primordial de alabar al Señor y a la Santísima Virgen. Comprendía tanto mujeres como hombres en un monasterio doble, separado por la clausura, pero con idéntica regla y estilo de vida. La orden floreció en Europa y llegó a tener sesenta monasterios, pero la Reforma protestante primero y la Revolución Francesa después, la cercenaron. Hoy, debidamente actualizada, la Orden ha sido restaurada.

En 1350 santa Brígida se trasladó a Roma para ganar el Jubileo y se quedó allí durante 24 años, hasta su muerte, acaecida a los 71.

En Roma se ocupó de los pobres, asistía diariamente a misa a las cinco de la mañana, se confesaba todos los días y comulgaba varias veces por semana (según lo permitido en aquella época). El brillo de su virtud contrastaba con la corrupción de costumbres que reinaba entonces en Roma: el robo y la violencia hacían estragos, el vicio era cosa normal, las iglesias estaban en ruinas y lo único que interesaba al pueblo era escapar de sus opresores. La austeridad de la santa, su devoción a los santuarios, su severidad consigo misma, su bondad con el prójimo, su entrega total al cuidado de los pobres y los enfermos, le ganaron el cariño de muchos.

El Señor le hizo ver la urgencia de la reforma de la Iglesia «en su cabeza y en los miembros». Su ministerio apostólico no se reducía a la práctica de las buenas obras ni a exhortar a los pobres y a los humildes. Corregía también a las autoridades eclesiásticas, ni siquiera el Papa escapaba a sus severas admoniciones proféticas. En una ocasión, le llamó «asesino de almas, más injusto que Pilato y más cruel que Judas». No eran buenos tiempos en el gobierno de la Iglesia, pues los Papas residían aún en Avignon y no se decidían a regresar a Roma.

También fueron objeto de sus advertencias las casas reales y los políticos corruptos, tanto los de su país como por ejemplo los de Chipre, cuando se detuvo allí en el otoño de 1372 al regreso de Tierra Santa. Y es que santa Brígida, exigente consigo misma, también lo era con los demás. Con frecuencia sus llamadas al orden y a la rectitud de vida no eran bien recibidas y los aludidos respondían insultándola con el apelativo de «bruja escandinava».

La espiritualidad de esta extraordinaria mujer está transida de la contemplación de Cristo en su Pasión. Su lema constante fue: *«Mi amor está crucificado»*, expresión tomada del capítulo 7 de la Carta a los Romanos de san Ignacio de Antioquía. Este recuerdo de la Pasión de Cristo, y de sus cinco llagas, quedó impreso en el emblema de su velo monástico.

Dejó numerosísimos escritos, los más importantes los ocho libros de *Las Revelaciones*. Ellas, dice la Iglesia, son una fuente que alimenta la piedad, a la vez que reflejan la fuerte personalidad de una santa que supo unir la contemplación con la acción.

La devoción afectiva a la Pasión de Cristo de esta «Mensajera del Gran Señor», como ella se consideraba, trae como consecuencia la devoción a Nuestra Señora. Los dolores de María van íntimamente unidos a los sufrimientos de su Hijo en todos los episodios de la Pasión, desde el prendimiento en Getsemaní hasta la muerte en el Calvario.

Nadie mejor que María pudo decir y vivir las palabras programáticas de la mística sueca: *«Mi amor está crucificado»*. Nadie como Ella estuvo tan asociada afectiva y moralmente a la Pasión redentora de Cristo Salvador.

Santa Brígida es la gran devota de la Virgen en el misterio de sus dolores interiores por su condición de nueva Eva, asociada a la Pasión de Cristo. Comunicó al mundo este y los demás mensajes de Jesucristo porque Él le dijo: *«Yo no hablo para ti sola sino para la salvación de los demás»*.

Expiró santamente en Roma, en 1373, y fue canonizada en 1391. En vida se ganó el favor de las gentes y, ya muerta, las cautivó aún más con los numerosos milagros que se producían a su paso cuando los restos fueron llevados desde Italia hasta Suecia.

INVITACIÓN

María nos enseña a estar junto a Jesús también en los momentos más dolorosos de la vida. Imitemos su ejemplo.

ORACIÓN

¡Oh Jesús, Rey infinitamente amado y deseado!
Acordaos del dolor que habéis sufrido cuando,
desnudo y como un criminal común y corriente,
fuisteis clavado y elevado en la Cruz.
También fuisteis abandonado
por todos vuestros parientes y amigos,
con la excepción de vuestra muy amada Madre.
En vuestra agonía, Ella permaneció fiel junto a Vos;
luego, la encomendasteis a vuestro fiel discípulo, Juan,
diciendo a María: *¡Mujer, he aquí a tu hijo!*,
y a Juan: *¡He aquí a tu Madre!*
Os suplico, oh mi Salvador, por la espada de dolor
que entonces traspasó el alma
de vuestra Santísima Madre,
que tengáis compasión de mí.
Y en todas mis aflicciones y tribulaciones,
tanto corporales como espirituales, tened piedad de mí.
Asistidme en todas mis pruebas,
y especialmente en la hora de mi muerte, Amén.

Santa Brígida

DÍA 24

San Juan Bosco

(1815-1888)

*Confiadlo todo a Jesús Sacramentado
y a María Auxiliadora
y veréis lo que son milagros.*

Todo lo ha hecho Ella. Con esta frase, pronunciada al final
de sus días, resumía san Juan Bosco la ingente labor pastoral y educativa desarrollada a lo largo de su vida. Pío XI
dijo de él que fue uno de los hombres que más había trabajado en el mundo. Pues bien, para el santo de los jóvenes
todo lo había hecho la Virgen.

Juan nació cerca de Castelnuovo de Asti (Turín) el 16
de agosto de 1815 y moría, según diagnóstico de sus médi-
cos, gastado por el trabajo, el 31 de enero de 1888. Había
desarrollado el apostolado en multitud de campos: fundó
los Salesianos y las Hijas de María Auxiliadora, la Asociación de Antiguos Alumnos, los Cooperadores Salesianos,
la Archicofradía de María Auxiliadora; levantó colegios y

escuelas profesionales, escribió libros, editó periódicos y revistas; envió misioneros a tierras lejanas, profetizó, hizo milagros... Tantas cosas que son inexplicables si no hubiera tenido de su parte la fuerza de Dios y el auxilio de María.

María está omnipresente en su vida: es la Maestra, la Guía, la Pastorcilla, la Señora, la Reina de sus sueños; es su Cuestadora, su Taumaturga; es muchas cosas; pero para él será siempre, en todo y sobre todo, la Madre del Salvador y de la Iglesia; la Inmaculada, toda pura y llena de gracia, la poderosa Auxiliadora de los Cristianos.

Ella es la Madre que esta en el vértice de su pedagogía, de su acción sacerdotal, apostólica y misionera. Ella es la Maestra que le enseña el camino y el método que ha de seguir en el sueño que tuvo a los nueve años. Él aprendió a amarla desde pequeñito, de manos de Margarita, su madre, quien le dijo al irse al seminario: «Cuando viniste al mundo, te consagré a la Virgen. Cuando comenzaste tus estudios, te recomendé la devoción a nuestra Madre. Ahora te pido seas todo suyo. Ama a los compañeros que tengan devoción a María y si llegas a ser sacerdote, recomienda y propaga siempre la devoción a María».

La invocó con diversos títulos a lo largo de su vida: Virgen del Castillo, de la Dolorosa, de la Escala, del Santo Rosario, de la Inmaculada, de la Consolata. De éstas se inclinó en la primera parte de su vida por la Inmaculada. Decía a sus hijos: *Somos deudores de todo a María: todas nuestras obras más importantes comenzaron en el día de la Inmaculada*, la principal de ellas su decisión de dedicarse totalmente a la evangelización de los jóvenes.

Fue el 8 de diciembre de 1841 cuando se encontró en la sacristía de la iglesia de San Francisco de Asís de Turín con el joven Bartolomé Garelli. El sacristán lo echaba por no saber ayudar a Misa, Don Bosco lo acogió con afables palabras y, dándole la primera catequesis, rezaron juntos el Avemaría y dio por iniciado el Oratorio, al que se fueron añadiendo cada domingo más y más muchachos, que llegaban a la ciudad de los pueblos en busca de trabajo en aquellos años del comienzo del desarrollo de la sociedad industrial.

A partir de 1862 san Juan Bosco muestra su preferencia por invocar a María con el título de Auxiliadora. En diversas circunstancias explicará esta invocación diciendo:

La Virgen quiere que la honremos con el título de María Auxiliadora porque los tiempos que corren son tan tristes que necesitamos que la Virgen Santísima ayude a conservar y defender la fe cristiana.

Cuando el género humano se ha encontrado en crisis extraordinarias, siempre ha creído conveniente, para salir de ellas, reconocer y bendecir una nueva perfección de esta admirable criatura, María Santísima, que es en la tierra el más extraordinario reflejo de las perfecciones del Creador. Hoy la necesidad universalmente sentida de invocar a María no es particular, sino general: ya no se trata de tibios a los que enfervorizar, pecadores a los que convertir, inocentes a los que preservar. Estas cosas siempre son útiles en todo tiempo y con toda suerte de personas. Pero es la misma Iglesia Católica la que se ve asaltada.

Se ve asaltada en sus funciones, en sus sagradas instituciones, en su Cabeza, en su doctrina, en su disciplina; se ve asaltada como Iglesia católica, como centro de la verdad, como maestra de todos los fieles. Y precisamente para merecer una especial protección del cielo recurre a María, como Madre común, como especial Auxiliadora de los reyes y de los pueblos católicos de todo el mundo.

Una experiencia de siglos nos hace ver de modo luminoso que María ha continuado desde el cielo y con el mayor éxito su misión de Madre de la Iglesia y Auxiliadora de los cristianos que había comenzado en la tierra.

Leemos en las *Memorias Biográficas*, en las que se recoge ampliamente toda la vida del santo, que «al recordar las maravillas obradas por la Virgen, además de la necesidad de desahogar su inmenso amor hacia la Madre de Dios, tenía por mira ayudar al prójimo. Quería reavivar en todo el mundo la confianza ilimitada en Aquella que, en medio de las angustias, las tribulaciones, los errores y los peligros era y sería siempre su amorosa, solícita y poderosa Auxiliadora».

Y a la Madre Auxiliadora dedicó el templo construido en Valdocco en solo dos años. Lo comenzó con cuarenta céntimos en el bolsillo, confiando en que Ella se construiría su casa. Fue una cosa de dos, el santo exhortaba a los devotos a la santidad de vida, visitaba a los enfermos, pedía por las casas, predicaba, repartía medallas y estampas, difundía la novena y daba la bendición de María Auxiliadora... Y Ella hacía los milagros y acercaba las limosnas. La gente entendió, con los hechos, que Don Bosco era «Santo de María Auxiliadora» y «María Auxiliadora la Virgen de Don Bosco».

Cada piedra de la basílica de María Auxiliadora de Turín es fruto de una intervención divina de la Virgen, afirmaba el santo, como lo fue cada una de sus acciones para salvar a los jóvenes. Ella sigue derramando sus gracias por doquier a cualquiera que la invoque. Decía Don Bosco: *Confiadlo todo a Jesús Sacramentado y a María Auxiliadora y veréis lo que son milagros.*

Como refleja el cuadro que el santo encargó al pintor Lorenzone y que está situado en el altar mayor de la basílica, su concepto de historia de la salvación le llevaba a colocar a la Iglesia en el corazón del mundo, y en el corazón de la Iglesia a María Auxiliadora –el germen de la Iglesia antes de la Iglesia–, la Madre omnipotente, la vencedora del mal.

San Juan Bosco enseña que la Virgen tiene que ocupar un lugar especial en nuestro corazón, que la devoción tiene que partir del interior, de la relación íntima con la persona viva de María, sentida, amada, servida como Madre de Dios, Madre de la Iglesia, Madre y Auxiliadora de todos.

El santo respetó y exaltó, en su piedad personal, todas las prerrogativas y todos los títulos con los que la Iglesia honra a la Madre de Dios: sabemos que tuvo predilección por los de Inmaculada y Auxiliadora. Popularizó la jaculatoria «María Auxiliadora de los cristianos, ruega por nosotros». Todo era una mediación a través de la cual él nutría su relación existencial, personal e íntima con María. Toda su vida lo demuestra, y lo confirman las conmovedoras invocaciones a la hora de su muerte: «*Jesús... Jesús... María... María... ¡Oh Madre, Madre! Abridme las puertas del paraíso*».

INVITACIÓN

Dejemos actuar a María en nuestras vidas, pidamos su auxilio y no neguemos nuestra ayuda a quien nos la pida.

ORACIÓN

Madre Auxiliadora,
ponemos ante ti a todos los hombres,
mujeres y niños, jóvenes y ancianos.
Tú sabes de sus sufrimientos, de sus dolores.
Tú, mejor que nadie, conoces nuestras heridas.

Te ofrecemos a las personas que no tienen un techo,
un hogar, una familia...
Acógelos con el manto de tu bondad.
Cobíjalos al calor de tu cariño de madre.

Madre de los pueblos que sufren:
atiende a nuestros clamores ante los desamparados.
Enséñanos a ser serviciales y generosos
como lo fuiste tú.
Madre de los que sufren sin un porqué.
Madre de los que mueren de hambre.
Madre de los que luchan por la paz.
Madre de los que son asesinados.
Madre de los que buscan la justicia.
Madre de los que entregan su vida a los demás.
Madre de todos los hombres,
ruega siempre por nosotros.

DÍA 25
San Ireneo
(125-202)

María, desposada pero virgen, al obedecer,
obtuvo la salud para sí y para todo el género humano.

San Ireneo es el gran defensor de la tradición oral de la fe, de la unidad de la Iglesia en torno al primado de Roma, y el cantor de María como la nueva Eva que nos abre el camino de la salvación en Cristo. Es el teólogo más profundo y destacado del siglo II. *Dios se hizo hombre para que el hombre se hiciese Dios,* es la síntesis más luminosa de su enseñanza.

Fue discípulo de san Policarpo, quien a su vez lo fue del apóstol san Juan. Por carta, muchos años después, confesaba a un amigo el vivo recuerdo que conservaba de su maestro: *Podría señalar el sitio en que se sentaba Policarpo para enseñar, detallar sus entradas y salidas, su modo de vida, los rasgos de su fisonomía y las palabras que dirigía a las muchedumbres. Podría reproducir lo que nos contaba de su trato con Juan y los demás que vieron al Señor, y cómo repetía sus mismas palabras; lo que había oído del Señor, de sus milagros, de sus palabras, cómo lo habían visto y oído, ellos que vieron al Verbo de vida. Todo esto lo repetía Policarpo, y siempre sus palabras estaban de acuerdo con las Escrituras. Yo oía esto con toda el alma y no lo anotaba por escrito porque me quedaba grabado en el corazón y lo voy pensando y repensando, por la gracia de Dios, cada día.*

Nada se sabe sobre su familia. Probablemente nació alrededor del año 125, en Esmirna o alguna de las provincias marítimas del Asia Menor. Sin duda recibió una educación muy esmerada y liberal, ya que sumaba a sus profundos conocimientos de las Sagradas Escrituras una completa familiaridad con la literatura y la filosofía de los griegos.

Desde tiempos muy remotos, existían las relaciones comerciales entre los puertos del Asia Menor y el de Marsella y, en el siglo segundo de nuestra era, los traficantes de Oriente transportaban regularmente las mercancías por el Ródano arriba, hasta la ciudad de Lyon que, en consecuencia, se convirtió en el principal mercado de Europa occidental y en la villa más populosa de las Galias. Junto con los mercaderes asiáticos, muchos de los cuales se establecieron en Lyon, venían sus sacerdotes y misioneros que llevaron la palabra del Evangelio a los galos paganos y fundaron una vigorosa iglesia local. A aquella iglesia llegó san Ireneo para servir como sacerdote.

Mientras Ireneo cumplía una misión de su obispo san Plotino en Roma, éste y otros cincuenta cristianos fueron martirizados en Lyón. A su regreso, Ireneo fue elegido para ocupar la sede vacante. Impulso la evangelización hacia el norte y luchó para mantener la pureza doctrinal frente a la contaminación de las herejías, principalmente el gnosticismo, que mezclaba todo: cristianismo, judaísmo y helenismo; profesaba la fe en un Dios distante del mundo y negaba la divinidad de Jesús.

Para combatir el galimatías doctrinal del gnosticismo, comenzó Ireneo por estudiarlo con detalle y después escribió cinco libros para refutar uno por uno sus argumentos, mostrando sus contradicciones con las enseñanzas de los apóstoles y los textos de las Sagradas Escrituras.

Ireneo expresa la verdadera doctrina cristiana sobre la estrecha relación entre Dios y el mundo creado por Él en los siguientes términos: *El Padre está por encima de todo y Él es la cabeza de Cristo; pero a través del Verbo se hicieron todas las cosas y Él mismo es el jefe de la Iglesia, en tanto que Su Espíritu se halla en todos nosotros; es Él esa agua viva que el Señor da a los que creen en Él y le aman, porque saben que hay un Padre por encima de todas las cosas, a través de todas las cosas y en todas las cosas.*

Frente a la varia y confusa proliferación de especulaciones, Ireneo mantiene la integridad de la enseñanza de Jesús, tal como la han conservado las Iglesias, por una tradición no interrumpida y de acuerdo con las Santas Escrituras. Entre las diversas Iglesias hay una a la que se acude siempre con seguridad, la de Roma, *la más grande, la más antigua, por todos conocida, fundada por los gloriosos apóstoles Pedro y Pablo. Con esta Iglesia, a causa de su superior preeminencia, es preciso que concuerden todas las demás que existen en el mundo, ya que los cristianos de los diversos países han recibido de ella la tradición apostólica.*

Además de la solidez de la fe y del primado del Papa, otra de las grandes aportaciones de san Ireneo es la entrañable ternura y confianza en la Virgen María. Ella es la «Nueva Eva» que con su obediencia nos salva a todos. La firmeza y suavidad del santo para transmitirnos la fe de la Iglesia, es Ella quien se la comunica.

San Ireneo habla de María especialmente en su libro *Contra las herejías*. Parte de la tradición que viene de san Juan, el discípulo amado de Jesús, a través de san Policarpo. Escribe:

María, Virgen, se mostró obediente al responder: «He aquí la esclava del Señor; hágase en mí según tu palabra». Eva se mostró desobediente: desobedeció cuando era todavía virgen. Así como Eva, esposa de Adán pero todavía virgen... desobedeció, y por eso atrajo la muerte sobre ella misma y sobre todo el género humano, así María, desposada pero virgen, al obedecer, obtuvo la salud para sí y para todo el género humano.

También la ley da a Eva, la desposada todavía virgen, el nombre de esposa, para manifestar el ciclo que desde María asciende hasta Eva: pues las ataduras de la culpa no podían ser desligadas más que por un proceso inverso al que siguió el pecado...

Es por eso por lo que san Lucas, comenzando su genealogía por el Señor, se remonta hasta Adán, mostrando con ello que no son en absoluto los antepasados según la carne quienes han engendrado al Señor, sino el Señor quien les ha engendrado a la vida nueva del Evangelio.

Del mismo modo, el nudo formado por la desobediencia de Eva no ha podido ser desanudado más que por la obediencia de María. Lo que Eva virgen ató por su incredulidad, María virgen lo desató por su fe.

San Ireneo es el primero en proclamar que María es la causa de nuestra salvación, dice de Ella que es *la Virgen que nos regenera.* En efecto, al presentar el paralelismo entre la desobediencia de Eva y la obediencia de María, resalta con tanta fuerza la profundidad de la Encarnación y la eficacia redentora de la venida de Dios a la humanidad, que ve nuestra propia regeneración en el «Hágase» de María.

Será necesario que pase el tiempo para hacer más explícita la creencia en la Corredención y en la Mediación de María, pero esta creencia se perfila con nitidez en la doctrina expuesta por el sabio obispo de Lyon.

Ireneo también afirma la maternidad divina cuando dice en la bella expresión: *El ángel anunciará a la Virgen que Ella sería encinta por Dios.*

La Iglesia es deudora de la aportación de este santo para la transmisión de lo que María ha representado para los cristianos, ya desde las primeras comunidades. Se desconoce la fecha exacta de la muerte de san Ireneo, aunque, por regla general, se estima en el año 202. De acuerdo con una tradición posterior, se afirma que fue martirizado. Su fiesta se celebra desde tiempos muy antiguos en Oriente, donde ha estado más vivo su recuerdo.

INVITACIÓN

Dejemos que la Virgen nos regenere, que nos ayude a reforzar cada día los lazos de nuestra fe en su Hijo.

ORACIÓN

Oh Señora mía, santa María:
hoy y todos los días y en la hora de mi muerte,
me encomiendo a tu bendita fidelidad
y singular custodia,
y pongo en el seno de tu misericordia
mi alma y mi cuerpo;
te recomiendo toda mi esperanza y mi consuelo,
todas mis angustias y miserias,
mi vida y el fin de ella:
para que por tu santísima intercesión,
y por tus méritos,
todas mis obras vayan dirigidas y dispuestas
conforme a tu voluntad y a la de tu Hijo. Amén.

San Luis Gonzaga

DÍA 26
San Felipe Neri
(1515-1595)

Una sola razón le basta a un cristiano
para estar siempre alegre:
saber que tiene a María Virgen
que reza por él junto a Dios.

San Felipe Neri es uno de los santos con biografía más atrayente. Es el santo de la alegría, de la simpatía; siempre tenía a mano dos libros: la Biblia y uno de chistes. En una ocasión, a alguien que le reprochó reírse a carcajadas, le respondió: *¿Cómo no va a alegrarse Dios de que sus hijos nos riamos? La tristeza nos hace doblar el cuello y no nos permite mirar al cielo. Debemos combatir la tristeza, no la alegría.*

Nació en Florencia en 1515, su padre era abogado y alquimista. Su madre murió siendo él muy niño. Desde pequeño mostró Felipe un carácter risueño y una gran bondad.

A los diecisiete años lo envía su padre con un tío rico, comerciante, que le inicia en el oficio con la idea de que un día sea su heredero. Sin embargo, Felipe solo permanecerá cuatro años con él porque no se encuentra feliz; prefiere irse a Roma, aunque sin un plan concreto. Le dio alojamiento un paisano suyo a cambio de que se ocupara de dar clases a sus hijos. Dicen que durante varios años vivió en condiciones sumamente austeras y alimentándose con poco más que pan, agua y aceitunas.

Los dos primeros años en Roma los ocupó Felipe casi únicamente en rezar, hacer penitencia y meditar; durante otros tres estudió filosofía y teología. Y en esos años descubrió que Dios le pedía que enseñara el catecismo a las gentes pobres, pues la ignorancia religiosa era enorme y la corrupción de costumbres impresionante.

A medida que se ocupa de los pobres y mendigos, la gente se hace lenguas de su buen carácter y simpatía, le llaman «El Bueno» o «Felipe el Bueno». Se hacía amigo también de los trabajadores, de los empleados y vendedores, de los niños; y a todos hablaba de Dios, de la salvación y de la importancia de llevar una vida buena. Una de sus preguntas recurrentes era: *Amigo, ¿cuándo vamos a empezar a ser mejores?* Si la persona le mostraba buena voluntad, le explicaba los modos más fáciles para llegar a ser piadosos y portarse como Dios espera de cada uno.

Las horas del día no eran suficientes para sus tareas apostólicas, por eso el santo aprovechaba la noche para la oración y la reflexión. Felipe pedía a Dios que le concediera su gran amor, poder amarlo con todo el corazón; y Dios se lo otorgó de forma tan especial, que frecuentemente su cuerpo se estremecía y su pecho se abrasaba. *¿Cómo es posible* –se preguntaba el santo– *que alguien que cree en Dios pueda amar algo fuera de Él?* Cuando murió, descubrieron que tenía dos costillas saltadas y que se habían arqueado para dar sitio al corazón, notablemente ensanchado.

A los treinta y cuatro años Felipe seguía siendo seglar. A su confesor le pareció que haría un bien mucho mayor si fuese sacerdote, y como había hecho ya los estudios necesarios, fue ordenado en 1551.

Con su nuevo estado, Felipe descubrió el don que Dios le había dado para confesar y dirigir espiritualmente a la gente. Pasaba horas y horas en el confesionario y sus penitentes, de todas las clases sociales, acudían a él en busca de la salud espiritual. Los guiaba con sabiduría por el camino de la santidad y les enseñaba el valor de la mortificación y la humildad. Les indicaba que uno de los beneficios de la guerra contra el propio engreimiento es el camino a la oración, y les repetía: *Un hombre sin oración es un animal sin razón*. Enseñaba la importancia de llenar la mente con pensamientos santos, y aseguraba que para lograrlo era muy recomendable leer vidas de santos.

Solicitó y consiguió poder celebrar la Eucaristía todos los días y algunos le acusaron de moderno y reformista, pues entonces no era costumbre que tal cosa se hiciera; tampoco que los fieles comulgaran frecuentemente, a lo que invitaba siempre el santo. Por todo ello, en pleno siglo XVI, Felipe se adelantó muchos años a su época.

Quiso también ser misionero en tierras de Asia, pero su director espiritual le indicó que su misión estaba en Roma. Lo aceptó y reunió a un grupo de sacerdotes que le ayudaban en las catequesis y a atender a los enfermos, y con ellos fundó la Congregación del Oratorio o Filipenses. Consideraba muy importante para ellos lo que hoy llamamos la formación permanente, y para ayudarlos organizaba reuniones en las que se conversaba sobre temas espirituales, se rezaba, se leían vidas de santos y misioneros, se repasaba la historia de la Iglesia y se escuchaba y aprendía música.

Niños y jóvenes fueron otros de sus predilectos, siempre se le veía rodeado por ellos y no le molestaba verlos por todos los rincones de su casa; al contrario, les decía: *Haced todo el ruido que queráis, que a mí lo único que me interesa es que no ofendáis a Nuestro Señor. Lo importante es que no pequéis. Lo demás no me disgusta.* Y les invitaba a la santidad de forma original, llevándose la mano a la frente, aseguraba: *La santidad consiste en tener tres dedos de frente.*

Siempre tuvo una salud delicada. Una vez sufrió un ataque fortísimo de vesícula que le provocó casi la pérdida del conocimiento. Cuando súbitamente se incorporó, abrió los ojos y exclamó: *¡Mi hermosa Señora! ¡Mi santa Señora!* El médico que lo asistía le tomó el brazo, pero el santo protestó: *Dejadme abrazar a mi Madre, que ha venido a visitarme.* Después cayó en la cuenta de que había varios testigos y escondió el rostro entre las sábanas, como un niño, pues no le gustaba que le tomasen por santo.

Vivía continuamente la presencia de Dios. Muchas personas vieron que su rostro se iluminaba mientras rezaba o celebraba la Eucaristía. Y a pesar de todo esto, se mantenía inmensamente humilde y se consideraba el más indigno pecador. En los últimos años de su vida sentía tales fervores y éxtasis en la Eucaristía que la prolongaba varias horas.

La víspera de su muerte, acaecida el 26 de mayo de 1595, el médico le comentó que jamás lo había visto tan alegre, y el santo respondió con las palabras del salmo: *Me alegré cuando me dijeron: vamos a la casa del Señor*. Murió dulcemente a media noche, después de bendecir a los sacerdotes que le rodeaban.

El amor a la Eucaristía y a la Virgen, la caridad renunciando al egoísmo y dándose a los demás, fueron los resortes de su pedagogía. Invocaba a María como Madre de la Gracia, rebosando confianza filial y veneración profunda. Su alegría contagiosa brotaba de su amor a la Virgen. Decía: *Una sola razón le basta a un cristiano para estar siempre alegre: saber que tiene a María Virgen que reza por él junto a Dios*.

Como indicaba san Juan Pablo II en su mensaje con ocasión de la celebración del cuarto centenario de la muerte del santo: «Un programa seguro y fecundo de formación en la alegría –nos enseña el santo– se alimenta y se apoya en una serie armoniosa de opciones: la oración asidua, la Eucaristía frecuente, la valoración del sacramento de la reconciliación, el contacto familiar y diario con la palabra de Dios, el ejercicio fecundo de la caridad fraterna y del servicio; y, además, la devoción a la Virgen, modelo y causa verdadera de nuestra alegría. A este respecto, no podemos olvidar su sabia y eficaz recomendación: *Hijos míos, ¡sed devotos de María!, sé lo que os digo, ¡Sed devotos de María!*».

INVITACIÓN

Unamos fuertemente nuestra vida a Dios y a María, para estar siempre alegres y felices.

ORACIÓN

Oh Virgen santísima, Madre de Dios,
Madre de Cristo, Madre de la Iglesia,
míranos clemente en esta hora.
Virgen fiel, ruega por nosotros.
Enséñanos a creer como has creído tú.
Haz que nuestra fe en Dios, en Cristo, en la Iglesia,
sea siempre límpida, serena, valiente,
fuerte, generosa.
Madre digna de amor,
Madre del Amor Hermoso, ¡ruega por nosotros!
Enséñanos a amar a Dios y a nuestros hermanos
como los amaste tú;
haz que nuestro amor a los demás
sea siempre paciente, benigno, respetuoso.
Causa de nuestra alegría, ¡ruega por nosotros!
Enséñanos a saber captar, en la fe,

la paradoja de la alegría cristiana,
que nace y florece en el dolor,
en la renuncia, en la unión con tu Hijo crucificado:
¡haz que nuestra alegría
sea siempre auténtica y plena
para podérsela comunicar a todos! Amén.

San Juan Pablo II

DÍA 27

San Cirilo de Alejandría
(370-444)

Te saludamos, oh María, Madre de Dios,
verdadero tesoro de todo el universo.

San Cirilo es uno de los grandes doctores de la Iglesia. Se sabe que permaneció como obispo de Alejandría, su ciudad natal, durante treinta y dos años. El cristianismo hizo progresos increíbles en este tiempo en una de las ciudades más cultas del mundo de entonces.

Tenemos escasos datos de su infancia y juventud, probablemente nació entre el año 370 y 373. Estudió primero Retórica y luego Teología en la Escuela dirigida por Orígenes casi dos siglos antes. Cirilo será un gran deudor del maestro alejandrino en cuanto al estilo alegórico, aunque más moderado. Fue patriarca de Alejandría desde el año 412 hasta su muerte, el 27 de junio de 444. Lo que más caracterizó a san Cirilo fue su defensa apasionada de la verdadera fe frente a las diversas herejías que proliferaron en su época. Para combatirlas escribió muchas obras, que, en su inmensa mayoría, nos han llegado no solo en la versión original griega, sino también en traducciones al latín, sirio, armenio, atrope y árabe.

Debe su celebridad a la defensa de María como Madre de Dios. Él fue quien lideró la proclamación solemne que de esta doctrina hizo el Concilio de Éfeso en el año 431, presidido personalmente por él como delegado personal del Papa.

Al ponerse en duda que María fuese Madre de Dios, como afirmaba Nestorio, patriarca de Constantinopla, se negaba también la divinidad de Jesús. Por eso, san Cirilo no solo aportó luz a la Mariología, sino también a la Cristología.

Argumentaba el santo que María es la *Theotokos* o Madre de Dios, no porque ella existiese antes de Dios o hubiese creado a Dios, pues Dios es eterno y María es una criatura de Dios, sino porque el fruto que nace de Ella es divino.

Su defensa de esta verdad, antes del Concilio, le supuso la difamación, la calumnia y la cárcel. De todo salió victorioso y al final del Concilio de Éfeso saludaba así a la Virgen:

Te saludamos, oh María, Madre de Dios, verdadero tesoro de todo el universo, antorcha que jamás se apagará, templo que nunca será destruido, sitio de refugio para todos los desamparados, por quien ha venido al mundo el que es bendito por los siglos. Por ti la Trinidad ha recibido más gloria en la tierra; por ti la cruz nos ha salvado; por ti los cielos se estremecen de alegría y los demonios son puestos

en fuga; el enemigo del alma es lanzado al abismo y noso-
tros débiles criaturas somos elevados al puesto de honor.

La proclamación de María como Madre de Dios no solo alegró a los pastores, también el pueblo exultó de gozo como el mismo san Cirilo atestiguaba por escrito a los suyos:

No se puede imaginar la alegría de este pueblo fervoro-
so cuando supo que el Concilio había declarado que María
sí es Madre de Dios y que los que no aceptaran esa verdad
quedan fuera de la Iglesia. Toda la población permaneció
desde el amanecer hasta la noche junto a la Iglesia de la
Madre de Dios donde estábamos reunidos los doscientos
obispos del mundo. Y cuando supieron la declaración del
Concilio, empezaron a gritar y a cantar, y con antorchas
encendidas nos acompañaron a nuestras casas y por el ca-
mino iban quemando incienso. Alabemos con nuestros him-
nos a María Madre de Dios y a su Hijo Jesucristo a quien
sea todo honor y toda gloria por los siglos de los siglos.

Cirilo era un africano apasionado, ardiente en la defensa de la verdad, pero poco cuidadoso del respeto hacia las personas con las que tenía algún conflicto, al menos en los primeros momentos de su episcopado, pues en la última etapa de su vida se volvió más comprensivo. Hizo honor a su nombre que etimológicamente significa «el que tiene autoridad o entregado al Señor». Sus contemporáneos le reprocharon su carácter dominante y sus modales poco templados.

Sin embargo, pese a su dureza, fue un orador elocuente y nos ha dejado tan jugosos escritos sobre el nacimiento de Cristo y su naturaleza divina, que la Iglesia le considera el Doctor de la doctrina de la Encarnación. Los alejandrinos, por su parte, le dieron el título de Maestro del Mundo, mientras que el papa Celestino lo nombraba «el generoso defensor de la fe católica» y «hombre apostólico». Hasta el año 428, cuando se desata la controversia nestoriana, a la que se dedicó desde entonces por completo, compuso comentarios a libros del Antiguo y del Nuevo Testamento de los que la Iglesia ha extraído no pocos contenidos dogmáticos. Así en el *Comentario al Evangelio de San Juan* habla de que el Hijo es de la misma naturaleza que el Padre, eterno, consustancial, Dios de Dios, en nada inferior al Padre, del que es su imagen perfecta. Del Espíritu Santo afirma que es consustancial al Padre y al Hijo, que está en el Padre y en el Hijo, y que recibe la misma gloria que ellos. Expresiones todas recogidas en el Credo de la Iglesia.

Después del año 428 abundan los escritos del patriarca con encendidos y bellos elogios a María. Un ejemplo son estos fragmentos en los que saluda a la Madre de Dios:

Dios te salve, María, Madre de Dios, Virgen Madre, Estrella de la mañana, Vaso virginal.

Dios te salve, María, Virgen, Madre y Esclava: Virgen, por gracia de Aquel que de ti nació sin menoscabo de tu virginidad; Madre, por razón de Aquel que llevaste en tus brazos y alimentaste con tu pecho; Esclava, por causa de Aquel que tomó forma de siervo.

Dios te salve, María, la joya más preciosa de todo el orbe; Dios te salve, María, casta paloma; Dios te salve,

María, lámpara que nunca se apaga, pues de ti ha nacido el Sol de justicia.

Dios te salve, María, Madre de Dios, por quien los ángeles forman coro y los arcángeles exultan cantando himnos altísimos. Dios te salve, María, Madre de Dios, por quien los Magos adoran, guiados por una brillante estrella. Dios te salve, María, Madre de Dios, por quien Juan, estando aún en el seno materno, saltó de gozo y adoró a la Luminaria de perenne luz.

Dios te salve, María, Madre de Dios, por quien brilló la luz sobre los que yacían en la oscuridad y en la sombra de la muerte: el pueblo que se sentaba en las tinieblas ha visto una gran luz (Is 9,2). ¿Y qué luz sino Nuestro Señor Jesucristo, luz verdadera que ilumina a todo hombre que viene a este mundo? (Jn 1,29).

Dios te salve. María, Madre de Dios, por quien en el Evangelio se predica: bendito el que viene en el nombre del Señor (Mt 21,9); por quien la Iglesia católica ha sido establecida en ciudades, pueblos y aldeas.

Dios te salve, María, Madre de Dios, por quien vino el vencedor de la muerte y exterminador del infierno. Dios te salve, María, Madre de Dios, por quien se ha mostrado el Creador de nuestros primeros padres y Reparador de su caída, el Rey del reino celestial.

Dios te salve, María, Madre de Dios, por quien floreció y resplandeció la hermosura de la resurrección.

Dios te salve, María, Madre de Dios, por quien las aguas del río Jordán se convirtieron en Bautismo de santidad.

Dios te salve, María, Madre de Dios: por ti las olas del mar, ya aplacadas y sedadas, llegaron con gozo y suavidad a los que son como nosotros.

INVITACIÓN

María es Madre de Dios y Madre nuestra. Correspondamos a su generosidad con la nuestra, a su amor con el nuestro. Comportémonos como hijos agradecidos.

ORACIÓN

¡Oh clementísima Virgen María,
Madre de Dios, Reina del Cielo,
Señora del mundo, Júbilo de los santos,
Consuelo de los pecadores!
Atiende los gemidos de los arrepentidos;
calma los deseos de los devotos;
socorre las necesidades de los enfermos;
conforta los corazones de los atribulados;
asiste a los agonizantes;
protege de los ataques diabólicos
a tus siervos que te imploran;
guía a los que te aman
al premio de la eterna bienaventuranza,
en donde con tu amantísimo hijo Jesucristo
reinas felizmente por toda la eternidad. Amén.

Tomás de Kempis

DÍA 28

San Bernardo de Claraval
(1090-1153)

En los peligros, en las angustias, en las dudas,
piensa en María, invoca a María.
Que no se te aparte de la boca,
que no se te ausente del corazón.

San Bernardo fue el impulsor de los cistercienses y el hombre de mayor influencia en el siglo XII en Europa. Cronológicamente es el último de los Padres de la Iglesia. Fundó el monasterio de Claraval y otros muchos diseminados desde España hasta Siria.

Nació en la Borgoña francesa en el año 1090. Su familia era noble y fue educado en el castillo familiar, junto a sus siete hermanos, como correspondía a su rango. De esta tarea se responsabilizó directamente su madre, contraviniendo la costumbre de la época que delegaba tal obligación a las amas. Ella los educó en la austeridad de vida y en el amor a la Virgen; de ella aprendió Bernardo que «la mejor manera de amar a María es amarla sin medida, pues así la amó Dios». La madre lo instruía en sus deberes hacia los pobres y los enfermos, y en su compañía los visitaba.

Bernardo fue un niño reflexivo, de pocas palabras y enormemente retraído, le costaba mucho hablar con otros; pero con paciencia fue superando su timidez y se hizo amigo de todos. De joven ya poseía un enorme don de gentes y el extraordinario carisma de atraer a todos para Cristo. Era amable, simpático, inteligente, bondadoso y alegre, y hemos de suponer que muy apuesto, pues su hermana Humbelina le llamaba cariñosamente «ojos grandes».

Durante algún tiempo se enfrió en su fervor y empezó a inclinarse hacia lo mundano, pero las amistades, por más atractivas y brillantes que fueran, lo dejaban vacío y lleno de hastío. Después de cada fiesta se sentía más desilusionado del mundo y de sus placeres.

Una noche de Navidad, en la celebración religiosa, le pareció ver al Niño Jesús en Belén en brazos de María, y que Ella se lo entregaba para que lo amara y lo hiciera amar mucho por los demás. Desde este día cambió totalmente y ya no pensó sino en consagrarse a la religión y al apostolado. Bernardo se fue al convento de monjes benedictinos del Cister y pidió ser admitido.

Lo aceptaron con gran alegría, tanta como la que él transmitió a la familia cuando les dio la noticia. Los amigos, sin embargo, se entristecieron y le decían que enterrándose en el convento cercenaba su futuro; igualmente protestaron sus padres. Por el contrario, Bernardo, con el ardor juvenil de sus veintidós años, les habló con tanto entusiasmo de las ventajas y cualidades de la vida religiosa, que convenció a cuatro de sus hermanos para que se fueran con él, igualmente a un tío suyo y a treinta compañeros y amigos de la nobleza.

Antes de entrar definitivamente en el convento, llevó a todos sus seguidores a una finca para prepararlos e instruirlos durante varias semanas para que fuesen buenos religiosos. Con razón le llamarían más adelante «el cazador de almas y vocaciones», pues lo fue comenzando por sus allegados; no se conformó con los hermanos que ya había llevado consigo, años más tarde logró convencer también a su padre, ya viudo, a su hermana Humbelina, que sería santa, y a su cuñado.

Bernardo era un hombre enérgico y de decisiones radicales. Cuando tomó la decisión de irse al convento, se lo comunicó a su hermana Humbelina, diciendo: *Es ya tiempo que deje de jugar a la vida y que me ponga a vivir realmente. Me voy en busca de Dios. Me voy para hacerme santo. Para eso fui creado.*

En el convento del Císter demostró tales cualidades de líder y de santo que, con solo veinticinco años, fue enviado como superior para fundar el convento de Claraval. Allí supo infundir de tal manera fervor y entusiasmo a sus religiosos, que habiendo comenzado solo con veinte compañeros, a los pocos años tenía ciento treinta y de allí envió a muchos a fundar sesenta y tres conventos más.

Fue el gran enamorado de la Virgen. Se adelantó en su tiempo al considerarla Medianera de todas las gracias y poderosa Intercesora nuestra ante su Hijo. A san Bernardo se le deben las últimas palabras de la Salve: *Oh clementísima, oh piadosa, oh dulce Virgen María,* así como la bellísima oración del *Acordaos*. Tal era su amor a la Virgen que teniendo costumbre de saludarla siempre que pasaba ante una imagen suya con las palabras *Dios te Salve, María*, dicen que la imagen un día le contestó *Dios te salve, hijo mío Bernardo*.

El pueblo vibraba de emoción cuando le oía hablar desde el púlpito con su voz sonora e impresionante:

Si se levantan las tempestades de tus pasiones, mira a la Estrella, invoca a María.

Si la sensualidad de tus sentidos quiere hundir la barca de tu espíritu, levanta los ojos de la fe, mira a la Estrella, invoca a María.

Si el recuerdo de tus muchos pecados quiere lanzarte al abismo de la desesperación, lánzale una mirada a la Estrella del cielo y rézale a la Madre de Dios.

Siguiéndola, no te perderás en el camino. Invocándola no te desesperarás. Y guiado por Ella llegarás con seguridad al Puerto Celestial.

Bernardo es uno de los más insignes devotos de la Virgen María, de la que no se cansó de escribir y a la que descubrió meditando asiduamente la humanidad de Cristo. En el reformador y casi el segundo fundador del Císter, se cumple a la perfección un doble lema mariano que es mutuamente complementario: *A Jesús por María y a María por Jesús.* Sitúa la devoción mariana en el contexto de la piedad hacia Jesús, el Hombre-Dios, y se complace en resaltar sus funciones de Mediadora llamándola el *Acueducto de la gracia,* ya que, a través de Ella, por su consentimiento en la Encarnación del Verbo, nos trajo al Salvador y, con Él, un manantial inagotable de gracias.

En una famosa homilía sobre la Anunciación incluye este maravilloso párrafo:

En los peligros, en las angustias, en las dudas, piensa en María, invoca a María. Que no se te aparte de la boca, que no se te ausente del corazón. Y para conseguir los frutos de su intercesión, no te desvíes de los ejemplos de su virtud. Siguiéndola, no te desvías; rogándole no te desesperarás, si piensas en Ella no te perderás. Si Ella te tiene de su mano, no caerás. Si te protege nada tendrás que temer. Si es tu Guía no te fatigarás.

De tal suerte confiaba en su poderosísimo patrocinio que no titubeó en escribir: *Dios quiso que no tuviésemos nada sin que pasase por las manos de María.* Y en otro lugar expone este mismo pensamiento de forma positiva: *Esta es la voluntad de Dios el cual quiso que todo lo tuviésemos por María.*

El 24 de mayo de 1953, con motivo del octavo centenario de su muerte, el papa Pío XII promulgó una encíclica ensalzando la doctrina espiritual y la piedad mariana de san Bernardo, llamado Doctor Melifluo. Y ciertamente, néctar divino de tierna y suave piedad mariana destilan sus escritos.

188

Lo que dijo sobre el nombre de Jesús (es miel en los labios, música en los oídos y júbilo en el corazón) lo pudo decir con igual razón del dulce nombre de María, Estrella del mar y Madre de misericordia.

Las palabras que Bernardo pronunció en la muerte de Gerardo, su hermano preferido, se le pueden aplicar a él para sintetizar toda su vida: «Siempre fue un hombre de un solo ideal. Durante mucho tiempo siguió a Cristo como a su Rey y Capitán, pensando era su soldado. Pero al pasar los años, se hizo más y más niño, y Dios se convirtió en su Padre».

San Bernardo murió a los 73 años, el 20 de agosto de 1153, rodeado de sus monjes; se extinguió como el sol que cae en una bella tarde de verano.

INVITACIÓN

Seamos decididos y radicales en amar y servir a Jesucristo. María nos entrega a su Hijo para que le amemos y le hagamos amar.

ORACIÓN

Acordaos, oh piadosísima Virgen María,
que jamás se ha oído decir
que ninguno de los que han acudido
a vuestra protección,
implorando vuestro auxilio,
reclamando vuestra asistencia,

haya sido desamparado de Vos.
Animado por esta confianza,
a Vos acudo, Madre, Virgen de las vírgenes;
y gimiendo bajo el peso de mis pecados,
me atrevo a comparecer ante Vos.
Madre de Dios, no desechéis mis súplicas;
antes bien, escuchadlas y acogedlas benignamente.
Amén.

San Bernardo de Claraval

DÍA 29

San Simón Stock

(1170-1265)

Llevar el escapulario es asumir el compromiso de vivir imitando las virtudes de la Santísima Virgen.

La vida y la iconografía de san Simón Stock están inseparablemente unidas a la Virgen del Carmen. En las imágenes se le representa recibiendo el escapulario de manos de María.

Nació en el condado inglés de Kent hacia el año 1170. Su apellido Stock haría alusión, según algunos, a su significado en inglés «tronco de árbol» o mejor «hueco en el tronco», lugar donde se dice que Simón pasaba de pequeño y de joven muchas horas rezando.

Al llegar los carmelitas a Inglaterra y conocerlos, el joven Simón pidió ser admitido entre ellos y llevó una vida ejemplar y piadosa. Años más tarde fue elegido para dirigir la Orden, y lo hizo con gran competencia hasta su muerte, acaecida en Burdeos el 16 de mayo de 1265. A él se debe el cambio estructural de los carmelitas y el paso que dieron de ermitaños a mendicantes o evangelizadores. También promovió la expansión de la Orden por toda Europa.

Un santoral del siglo XIV, que recoge las vidas de los primeros santos carmelitas, dice de él que viendo que su Orden era duramente atacada por algunos, acudía fervorosamente a pedir ayuda a la Virgen María del Monte Carmelo a quien estaban consagrados los carmelitas.

En estas circunstancias, la redacción más antigua de la visión del santo escapulario, narra lo que aconteció el 16 de julio de 1251: «San Simón... suplicaba constantemente a la gloriosísima Madre de Dios que diera alguna muestra de su protección a la Orden de los Carmelitas, pues goza en grado singular del título de la misma Virgen, diciendo con toda devoción: Flor del Carmelo, vid florida, esplendor del cielo, Virgen fecunda y singular; ¡Oh Madre dulce, de varón no concebida!, a los carmelitas da privilegios, estrella del mar». Se le apareció la bienaventurada Virgen, acompañada de multitud de ángeles, llevando en sus benditas manos el escapulario de la Orden y diciendo estas palabras: «Este será el privilegio para ti y para todos los carmelitas, que quien muriere con él no padecerá el fuego eterno, es decir, que se salvará».

A la Virgen María compuso el santo preciosos himnos como el «*Ave stella matutina*», y por su entrañable devoción a la Madre le llamaban «el amado de María».

Desde entonces, la devoción al santo escapulario, o a la actual medallita equivalente, empezó a divulgarse por todas partes. Los reyes y príncipes, papas y gentes sencillas se lo impusieron y se alistaron en la Cofradía de la Virgen del Carmen.

Ya mucho antes, desde los antiguos eremitas que se establecieron en el Monte Carmelo, los carmelitas propagaron la devoción a la Santísima Virgen. Ellos interpretaron la nube de la visión de Elías (1Reyes 18,44) como un símbolo de la Virgen María Inmaculada. Ya en el siglo XIII, cinco siglos antes de la proclamación del dogma, el *Misal Carmelita* tenía una Misa de la Inmaculada Concepción.

Por la invasión sarracena los carmelitas se vieron obligados a abandonar el Monte Carmelo. Una antigua tradición cuenta que antes de partir se les apareció la Virgen mientras cantaban el *Salve Regina* y ella prometió ser para ellos su Estrella del Mar. Por ese bello nombre conocían también a la Virgen, porque el Monte Carmelo se alza como una estrella junto al mar. También María, como estrella del mar, nos guía por las aguas difíciles de la vida hacia el puerto seguro que es Cristo.

La Virgen Inmaculada, Estrella del Mar, es la Virgen del Carmen. Ella acompañó a los Carmelitas a medida que la orden se propagó por el mundo. Incluso se les llamó: «Los hermanos de Nuestra Señora del Monte Carmelo». En su profesión religiosa se consagraban a Dios y a María, y tomaban el hábito en honor suyo, como un recordatorio de que sus vidas pertenecían a Ella, y por Ella a Cristo.

Estos antecedentes históricos iluminan el origen de la devoción a la Virgen del Carmen. Otros datos ayudarán a comprender el sentido y significado del Escapulario.

La Virgen dio a los Carmelitas el escapulario como un hábito miniatura que todos los devotos pueden llevar para significar su consagración a Ella. Junto con el rosario y la medalla milagrosa, el escapulario es uno de los más importantes sacramentales marianos.

Dice san Alfonso María de Ligorio: *Así como los hombres se enorgullecen de que otros usen su uniforme, así Nuestra Señora Madre María está satisfecha cuando sus servidores usan su escapulario como prueba de que se han dedicado a su servicio, y son miembros de la familia de la Madre de Dios.*

El escapulario es un sacramental, un objeto religioso que la Iglesia ha aprobado como signo que ayuda a vivir santamente y a aumentar la devoción.

La palabra escapulario viene del latín *scapulae*, que significa hombros. Originalmente era un vestido superpuesto que cae de los hombros y lo llevaban los monjes durante su trabajo. Con el tiempo se le dio el sentido de ser la cruz de cada día que, como discípulos de Cristo, llevamos sobre nuestros hombros. Para los Carmelitas particularmente, pasó a expresar la dedicación especial a la Virgen y el deseo de imitar su vida de entrega a Cristo y a los demás.

Llevar el escapulario, por tanto, no es refugiarse en un amuleto protector mágico, sino asumir el compromiso de vivir imitando las virtudes de la Santísima Virgen. Concretamente, para los devotos de María, el escapulario tiene tres ricos significados:

1. *El amor y la protección maternal de María*: El signo es una tela o manto pequeño y significa que, igual que María envuelve al Niño Jesús recién nacido, así nos envuelve en su manto a cada uno de nosotros y nos hace suyos.

2. *Pertenencia a María*: Llevamos una marca que nos distingue como sus hijos escogidos. El escapulario se convierte en símbolo de nuestra consagración a María. Pertenecer a María es reconocer su misión maternal sobre nosotros y entregarnos a Ella para dejarnos guiar, enseñar, moldear en su corazón y así prepararnos mejor para la extensión del Reino de su Hijo.

3. *El suave yugo de Cristo:* El escapulario simboliza ese yugo que Jesús nos invita a cargar (Mt 11,29-30) pero que María nos ayuda a llevar. Quien lleva el escapulario debe identificarse como cristiano sin temor a los rechazos y dificultades que ese yugo le traiga.

En resumen, el escapulario, y por extensión cualquier medalla de la Virgen que llevemos devotamente, es un signo de nuestra identidad de cristianos, vinculados íntimamente a la Virgen María, con el propósito de vivir plenamente según nuestro bautismo. Representa nuestra decisión de seguir a Jesús por María.

Llevando el escapulario hacemos constantemente una petición silenciosa a la Virgen de asistencia continua. María nos enseña e intercede para que recibamos las gracias para vivir como Ella, abiertos de corazón al Señor, escuchando su Palabra, orando, descubriendo a Dios en la vida diaria y cercano a las necesidades de nuestros hermanos.

INVITACIÓN

Llevemos el escapulario o las medallas de la Virgen dándoles el sentido y significado que tienen, no como objetos decorativos o de otro signo.

ORACIÓN

¡Oh bellísima Flor del Carmelo, Fructífera Viña,
Resplandor del Cielo, Madre Singular
del Hijo de Dios,
Virgen Siempre Pura!
Madre Santísima,
después de habernos traído el Hijo de Dios,
permanecisteis intacta y sin mancha ninguna.
¡Oh Bienaventurada Siempre Virgen,
asistidme en esta necesidad!
¡Oh Estrella del Mar, auxiliad y protegedme!
¡Oh María, sin pecado concebida,
rogad por nosotros que recurrimos a vos!
¡Madre y Ornamento del Carmelo,
rogad por nosotros!
¡Virgen, Flor del Carmelo, rogad por nosotros!

¡Patrona de los que visten el Santo Escapulario,
rogad por nosotros!
¡San José, fiel Amigo del Sagrado Corazón,
rogad por nosotros!
¡San José, Castísimo Esposo de María Santísima,
rogad por nosotros!
¡San José, nuestro Gran Protector,
rogad por nosotros!
¡Dulce Corazón de María, sed nuestra Salvación!
Amén.

San Simón Stock

DÍA 30
San Anselmo
(1031-1109)

La Virgen hará que nuestra fe haga dulce al corazón
lo que Dios nos manda creer y vivir.

En el siglo XV llamaban a san Anselmo «el capellán de María» por su devoción y la influencia de sus escritos sobre la Virgen. Él había nacido mucho antes, hacia el año 1033, en el seno de una noble familia de Aosta, en el Piamonte italiano.

Su biografía está muy documentada y cuenta que de niño fue encomendado a un profesor muy riguroso y regañón, por lo que Anselmo empezó a perder la alegría y a volverse demasiado tímido y retraído. Entonces lo llevaron a los benedictinos y con ellos, por medio de la bondad y de la alegría, se fue transformando en un chico alegre y entusiasta. Todos los ratos libres los dedicaba a estudiar y a escribir. Años más tarde el santo diría: *Mis progresos espirituales, después de*

Dios y de mi madre, los debo a haber tenido unos excelentes profesores en mi niñez, los monjes benedictinos.

Quiso entrar en el convento de Aosta a los quince años, pero el abad no lo admitió, pues sabía que el padre de Anselmo, Gandulfo, se oponía a ello y prefería que su hijo fuese un triunfador en el mundo, para ello no perdía ocasión de llevarlo a fiestas y diversiones. La madre, en cambio, mostrándole las enormes alturas de los Alpes, que parecían tocar el cielo, le decía: «Mira, hijo mío: Ahí comienza el reino de Dios. A este reino estamos nosotros llamados y a él llegaremos si somos buenos».

Pasaron los años y, después de una primera juventud distanciada de la religión, Anselmo se fue inclinando por la oferta de la madre, rechazando la del padre, pues se decía: *el navío de mi corazón pierde el timón en cada fiesta.*

Cuando falleció la madre, Anselmo se fue de casa porque le era muy difícil entenderse con un padre demasiado severo. Se fue a estudiar a la Borgoña francesa. Después conoce en Normandía al famoso abad Lanfranco y, en 1060, cuando ya tiene veintisiete años, Anselmo ingresa en su monasterio, donde se convierte en su discípulo y gran amigo. Tres años después, cuando trasladan a Lanfranco del monasterio de Bec al de Caen, Anselmo permanece en el primero como prior y después como abad. Algunos monjes no aceptaron bien su elección porque era todavía muy joven; pero su paciencia y bondad acabaron por ganar los ánimos de todos.

Los años de san Anselmo en Bec fueron muy provechosos en estudio y escritura. Fue el mayor teólogo de su tiempo y el padre de la escolástica, que después llevaría santo Tomás de Aquino a su culmen. Anselmo unía corazón e inteligencia para estudiar la filosofía y la teología. Rogaba a Dios diciendo: *Haz, Señor, que yo sienta con el corazón lo que toco con la inteligencia.* Y efectivamente aplicó la razón a la fe y escribió tratados sobre la existencia de Dios, la Encarnación, la verdad, la libertad, el origen del mal y el arte de razonar, llegando así a ser uno de los autores más leídos y citados en la Iglesia.

San Anselmo era también un buen pedagogo, buscaba comparaciones sencillas y familiares para que la gente iletrada pudiese entender. Gustaba de dar libertad a sus discípulos para que desarrollasen lo mejor de sí mismos y les insistía en la importancia de buscar la verdad y ser fiel a ella. Humanamente fue un hombre de singular encanto. Su simpatía y sinceridad le ganaron el afecto de hombres de todas clases y nacionalidades. Su caridad se extendía aun a los más humildes de sus fieles. Fue uno de los primeros que se opusieron a la esclavitud y logró la aprobación de un decreto eclesiástico, en 1102, por el que se prohibía vender a los esclavos como animales.

La abadía de Bec tenía propiedades en Inglaterra, motivo por el cual san Anselmo viajaba y era conocido también allí. En 1092 lo eligieron arzobispo de Canterbury, y aunque alegó falta de salud, ineptitud para el gobierno y que ya era anciano, fue aclamado para el cargo.

No le resultó fácil la relación con el rey Guillermo el Rojo, que quería que una Iglesia sometida a su dictado e incluso desterró al santo, pero Anselmo procuró que nunca se llevasen las cosas al extremo, y rogó para que Roma no excomulgara al monarca. Cuando el rey murió, Anselmo regresó a su sede y fue recibido con júbilo. Sin embargo, las tensiones con la Corona no desaparecieron en años sucesivos con el nuevo rey, Enrique I.

El santo murió en 1109, entre los monjes de Canterbury. Sus últimas palabras fueron: *Allí donde están los verdaderos goces celestiales, allí deben estar siempre los deseos de nuestro corazón.* Fue declarado Doctor de la Iglesia en 1720, aunque no había sido canonizado. Dante lo pone en el Paraíso, entre los espíritus de luz y poder de la esfera solar, junto a san Juan Crisóstomo.

San Anselmo era gran devoto de la Virgen María, la contempla a través de su Maternidad divina y afirma que no hay criatura tan sublime y tan perfecta como Ella, a quien solo Dios supera en santidad. *Nada igual a Ti. Todo lo que es está sobre Ti o debajo de Ti. Sobre Ti, solo Dios. Debajo de Ti, cuanto no es Dios.*

Con amor ardiente se extasía llamándola con confianza de niño Reina de ángeles y hombres. *Convenía* –dice– *que María brillara con pureza tan singular que fuese imposible imaginarla mayor. La virgen, como desea la Iglesia, hará que nuestra fe haga dulce al corazón lo que Dios nos manda creer y vivir.*

Desarrolla hacia María una piedad sensible, cercana al pueblo. Imagina las lágrimas de María durante la flagelación y la crucifixión. Contempla a Jesús en la cruz con el dolor de no haber asistido a la Pasión y escribía: *¿Por qué, oh alma mía, no has sufrido con la Virgen tan casta, su Madre tan digna, mi Madre tan bondadosa?*

Y en sus veintidós *Oraciones y Meditaciones* encontramos textos tan bellos como estos:

Toda la naturaleza ha sido creada por Dios, y Dios ha nacido de María. Dios lo creó todo, y María engendró a Dios.

Dios que hizo todas las cosas, se hizo a sí mismo de María: y de este modo rehizo todo lo que había hecho. El que pudo hacer todas las cosas de la nada, una vez profanadas, no quiso rehacerlas sin María.

Dios, por tanto, es padre de las cosas creadas y María es madre de las cosas recreadas.

Dios es padre de toda la creación, María es madre de la universal restauración. Porque Dios engendró a Aquel por quien todo fue salvado. Dios engendró a Aquel sin el cual nada en absoluto existiera, y María dio a luz a Aquel sin el cual nada sería bueno.

En verdad, el Señor está contigo, ya que Él ha hecho que toda la naturaleza estuviera en tan grande deuda contigo y con Él.

Oh María, María la grande, la más grande de las Bienaventuradas, María, más grande que todas las mujeres. Oh gran Señora, mi corazón quiere amaros, mi boca alabaros, mi espíritu veneraros, mi alma suplicaros: todo mi ser se encomienda a vuestra protección.

Haced que por encima de todo (a excepción de mi Maestro y mi Dios, Dios de todas las cosas, vuestro Hijo), mi corazón os conozca y os admire, os ame y os implore.

Oh buena Madre, os suplico por el amor con el cual queréis a vuestro Hijo, que así como verdaderamente Vos le amáis, y queréis que sea amado, consigáis que yo también le ame.

INVITACIÓN

Que el diálogo y las buenas maneras sean el medio para resolver los conflictos que surjan en nuestras relaciones con los demás.

ORACIÓN

No me desampare tu amparo,
no me falte tu piedad,
no me olvide tu memoria.
Si tú, Señora, me dejas, ¿quién me sostendrá?
Si tú me olvidas, ¿quién se acordará de mí?
Si tú, que eres Estrella de la Mar
y guía de los errados, no me alumbras,
¿dónde iré a parar?
No me dejes tentar del enemigo,
y si me tentare, no me dejes caer,
y si cayere, ayúdame a levantar.
¿Quién te llamó, Señora, que no le oyeses?
¿Quién te pidió, que no le otorgases?

Fray Luis de Granada

DÍA 31

San Alfonso María de Ligorio

(1696-1787)

La intercesión de María no solo es útil,
sino también necesaria para conseguir las gracias.
Si pidiéramos las gracias sin su intercesión
sería como intentar volar sin alas,
no lo conseguiríamos.

Alfonso significa «listo para el combate», un nombre apropiado a la personalidad que desplegaría san Alfonso María de Ligorio a lo largo de sus casi noventa y un años de vida. Nació cerca de Nápoles el 27 de septiembre de 1696 y murió la noche del 31 de julio de 1787. Fue el primogénito de los siete hijos que tuvo el Marqués de Ligorio, que era también Capitán de la Armada Naval.

A los siete años ya estudiaba Alfonso letras clásicas, a los doce estaba en la universidad y a los dieciséis era investido doctor en Derecho civil y canónico. Fue un prodigio intelectual con notas sobresalientes en todas las materias. Por deseo de su padre, que programaba para él una brillante carrera, estudió varios idiomas modernos, además de aprender música, esgrima, pintura y arte.

También cultivaba la fe y la espiritualidad. Se escogió un director espiritual, visitaba frecuentemente a Jesús Sacramentado, rezaba con gran devoción a la Virgen y huía como de la peste de todos los que tuvieran malas conversaciones. Las jóvenes que se acercaban a él con vistas al matrimonio, solían concluir en términos parecidos a los que empleó alguna: «¡Muy noble, muy culto, muy atento, pero... ¡Vive más en lo espiritual que en lo material!».

Este no ajustarse a los buenos partidos que le preparaba su progenitor no fue la única decepción que causó a los suyos, también pensaba su padre en una buena carrera militar para su primogénito, pero al fin hubo de resignarse a que fuera un buen abogado.

Durante ocho años se entregó con inteligencia y gran elocuencia al oficio. Ganó todos los pleitos menos el último, la defensa del Duque de Orsini. Había actuado de buena fe para defender a su cliente, pero el fiscal le hizo ver con un documento que todas sus argumentaciones eran inútiles ante aquella prueba. Alfonso exclamó: «Señores, me he equivocado». Y abandonó la sala diciendo en su interior: *Mundo traidor, ya te he conocido. En adelante no te serviré ni un minuto más.* Y confesaba a un amigo: *Colega, nuestra vida es muy desgraciada y corremos el peligro de perder nuestra alma por toda la eternidad. Veo que esta no es mi carrera. Voy a abandonarla y trataré de ir por otros caminos.*

Durante tres días se encerró en su habitación, ayunó, reflexionó y oró. Después se dedicó a visitar enfermos y es entonces cuando siente que Jesús le dice: *Alfonso, apártate del mundo y dedícate solo a servirme a mí.* Y un día se dirige a la iglesia de Nuestra Señora de la Merced y ante el sagrario hace voto de dejar el mundo. Y como señal de compromiso deja su espada ante el altar de la Virgen.

La decepción de su padre fue total. Con lágrimas en los ojos le pregunta: *Hijo, ¿cómo vas a dejar a tu familia y tu porvenir?* Alfonso responde convencido: *El único negocio que ahora me interesa es salvar almas.*

Alfonso estudia Teología y es ordenado sacerdote. Tiene treinta años. Desde entonces se dedica a trabajar con las gentes de los barrios más pobres de Nápoles y otras ciudades. Reúne a los niños y a la gente humilde al aire libre y les enseña catecismo.

Su padre, que gozaba oyendo sus discursos de letrado, ahora no quiere oír sus humildes pláticas. Pero un día entra por curiosidad a escucharle y, sin poderse contener, exclama emocionado: «Este hijo mío me ha hecho conocer a Dios». Lo repetirá con frecuencia.

En 1752 Alfonso fundó la Congregación del Santísimo Redentor, o redentoristas, y, a imitación de Jesús, Alfonso se dedicó con ellos a recorrer ciudades, pueblos y campos predicando el Evangelio durante treinta años. Su lema era el de Jesús: *Soy enviado para evangelizar a los pobres.*

Permanecían en cada lugar diez o quince días para que no quedara nadie sin ser instruido y atendido espiritualmente.

Alfonso combatió la predicación muy florida y el rigorismo de los jansenistas en los confesionarios. Él predicaba llanamente y decía a sus misioneros: *Emplead un estilo sencillo, pero trabajad a fondo vuestros sermones. Un sermón sin lógica resulta disperso y falto de gusto. Un sermón pomposo no llega a la masa. Por mi parte, puedo deciros que jamás he predicado un sermón que no pudiese entender la mujer más sencilla.*

San Alfonso predicaba, confesaba, preparaba las misiones, escribía... Su acción incansable llamaba la atención. Externamente tiene su explicación porque había hecho voto de no perder ni un minuto de tiempo, e interiormente estaba convencido de que así servía a su Señor. Solo en su labor como escritor dejó al morir 111 libros publicados, de los cuales vio 402 ediciones en total y 40 traducciones a otras lenguas. Tocó todos los temas de fe, moral y devociones que sabía interesaban al pueblo.

Además de su *Teología Moral*, el título más famoso, querido y elaborado fue *Las Glorias de María*. Lo escribió como réplica a la doctrina jansenista que afirmaba que la devoción a la Virgen era una superstición. Comenzó a recoger material cuando tenía treinta y ocho años de edad y terminó de escribirlo a los cincuenta y cuatro. María era su gran devoción, siempre se reservaba el sermón de la Virgen en las misiones populares.

Lo mismo hacía en los trece años que estuvo de obispo de Santa Águeda. No quería serlo, pero el Papa le obligó cuando el santo contaba ya sesenta y seis años; resignado, aceptó el cargo como una penitencia por sus pecados. Visitó cada dos años los pueblos y en ellos mandó predicar misiones. Vino el hambre en la diócesis y Alfonso vendió todos sus utensilios, hasta su sombrero, el anillo, la mula y el carro, para dar de comer a los hambrientos.

Dios lo probó en los últimos años de su vida con enfermedades y fue perdiendo la vista y el oído. Su delicia era pasar las horas junto al Santísimo Sacramento. A veces se acercaba al sagrario, tocaba la puertecilla y decía: *¿Jesús, me oyes?* Le encantaban también las biografías de santos y, un hermano tras otro, pasaban por su habitación a leérselas cuando ya él no se valía.

Era fiel al rezo del rosario y aseguraba que de él dependía su salvación personal. Sus escritos rebosan ternura y confianza en María. Poesías y canciones a la Virgen brotarán de su corazón agradecido. Habla siempre sobre María porque la experiencia le ha enseñado que es necesario para inspirar confianza al pecador.

Dice san Alfonso que no hay gente débil o gente fuerte en lo espiritual, sino gente que no reza y gente que sí sabe rezar. Y anima a dirigir la oración confiada a la Virgen María con estas palabras:

La intercesión de María no solo es útil, sino también necesaria para conseguir las gracias. Si pidiéramos las gracias sin su intercesión sería como intentar volar sin alas, no lo conseguiríamos.

E invita a los fieles a visitar frecuentemente a la Virgen:

Procurad también vosotros añadir cada día a la visita de Jesús Sacramentado la de María Santísima, en una iglesia o siquiera en vuestra casa, delante de alguna imagen suya. Y si lo hacéis con afecto y confianza, serán innumerables los dones que de esta agradecidísima Señora recibiréis. Pues acostumbra dispensar grandes mercedes a quien le ofrece el más pequeño obsequio.

INVITACIÓN

Visita diariamente a la Virgen María y hazle un sitio de honor en tu hogar y en tu corazón.

ORACIÓN

¡Inmaculada Virgen y Madre mía santísima! A ti, que eres la «Madre de mi Señor», la Reina del mundo, la abogada, la esperanza y el refugio de los pecadores, acudo yo en este día, que soy el más necesitado de todos.

Te alabo, Madre de Dios, y te agradezco todas las gracias que hasta ahora me has hecho. Te amo, Señora y Madre mía, y por el amor que te tengo te prometo servirte siempre y hacer todo lo posible para que seas también amada de los demás. En ti pongo mi esperanza y mi eterna salvación.

Madre de misericordia, acéptame por tu Hijo y acógeme bajo tu manto, y ya que eres tan poderosa ante Dios, líbrame de las tentaciones y dame fuerza para vencerlas hasta la muerte.

Te pido el verdadero amor a Jesucristo. De ti espero la gracia de una buena muerte. Madre mía, por el amor que tienes a Dios, te ruego que siempre me ayudes, pero mucho más en el último momento de mi vida. No me desampares mientras no me veas a tu lado en el cielo, bendiciéndote y cantando tus misericordias por toda la eternidad. Así sea.

San Alfonso María de Ligorio

Índice

Índice alfabético

Índice cronológico

Se sigue el orden de la fiesta de los santos, para que en dicho día se pueda leer y utilizar lo que se refiere de cada uno.